행동하는 습관

인생을 빛나게 해줄 유일한 방법

행동하는 습관

쓰카모토 료 지음 | 김경인 옮김

경원북스

곧바로 행동하는
습관의 기적

초등학생 때는 학년 제일의 비만아로 스포츠라면 아주 질색했고, 학원이란 학원은 다 다니면서도 학년 제일의 열등생으로 공부도 젬병이었다. 나는 그야말로 열등감으로 똘똘 뭉친 아이였다.

그렇게 나를 감싸고 있던 열등감은 고등학교 1학년 때 전국 모의고사에서 바닥을 치며 급기야 폭발하고 말았다. 그 결과 경찰과 법원 신세까지 진 고교생 교내 폭력사건으로 신문지상을 화려하게 장식한 사건의 장본인이 되었다.

"이대로는 안 돼."

당시 내 마음속에는 그 말만 맴돌았지만 어떻게 해야 할지 길이 보이지 않았다. 못하는 것 투성이고 자신감이라곤 찾아볼 수 없었으니까. 심리학에서는 이를 '학습성 무력감'이라고 하는데, 실패에 실패를 거듭한 결과 '어차피 또 실패할 텐데'라는 사고패턴에 지배당한 상태였다.

"성과를 얻는 사람과 아무리 노력해도 성과를 얻지 못하는 사람의 차이는 뭘까?" 하고 고민을 되뇌는 나날이 계속되었다.

그러던 어느 날, 비즈니스 서적을 읽다가 문득 깨달았다. "성공한 사람, 생산성이 높은 사람은 행동이 빠르다"는 사실을 말이다. 다시 말해 시작하는 첫걸음부터 차이가 난다. 첫걸음을 얼마나 빨리 내딛느냐가 성과를 결정짓는 열쇠다. 100미터 달리기의 출발과 유사하다는 생각이 들었다. 출발시점을 놓치면 그것을 만회하기 위해서는 강한 정신력이 필요하다. 반대로 출발신호에 맞춰 힘차게 돌진했을 때는 '바로 이거야!' 하는 직감과 함께 앞으로 나갈 수 있다.

빠르게 행동으로 옮김으로써 나는 변할 수 있었다고 감히 말할 수 있다. 이는 결코 나의 억지 주장이 아니라 모두 공감하는 바일 것이다. 그럼에도 "실제 상황에서 곧바로 행동에 옮기지 못해 고민이다"라는 사람이 적지 않다.

"왜 곧바로 행동하지 못할까?"

이유야 가지각색이겠지만, 그 전형적인 예를 하나 들어보자.

직장에서나 일상생활에서 '좀 더 의욕을 내야지!' '끈기가 부족해' '다들 열심히 하잖아!'라는 말로 어떻게든 행동하게 하려고 자신을 채찍질한다. 이와 같은 이른바 정신무장도 가끔은 필요할지 모른다. 하지만 실제로는 어떨까?

"그거야 잘 알지만, 선뜻 마음이 안 내켜."

속으로는 이렇게 생각하지 않을까? 나는 지금도 그렇다. '해야 하는데……'라는 생각 이면에 감춰진 진심은 '하기 싫어'다.

그렇다면 '곧바로 행동하는 사람'과 '곧바로 행동하지 못하는 사람'의 결정적인 차이는 무엇일까? 그것은 바로 각오나 의지력만으로 자신을 움직이려 하지 않는다는 점이다. '행동하는 습관을 가진 사람'은 구조로 자신을 컨트롤하고 행동한다. 자신이 행동하지 않을 수 없게 만드는 구조를 잘 만든다는 말이다. 내가 제시하는 '곧바로 행동하는 방정식'은 아래와 같다.

의지 × 환경 × 감정

물론 각오와 의지력을 단련하는 것도 중요하다. 하지만 그것만으로는 좀처럼 행동이 수반되지 않는 것이 인간이다. 그러므로 곧바로 행동할 수 있는 환경을 만들고 곧바로 행동하기 위한 감정을 만들어 내는 것이 중요하다.

"저는 마감이 임박해서야 뭘 한다니까요"라는 말을 곧잘 듣는다. 그럴 때면 나는 늘 이렇게 대답한다.

"극한 상황에 몰렸을 때 행동하는 사람이라면, 일부러라도 행동하지 않을 수 없는 극한 환경을 만들어보세요."

중요한 것은 의지의 강도가 아니라 '하느냐 마느냐'일 뿐이다. 만일 자신의 의지박약을 한탄하고 있다면, 이 책을 읽고 180도 바뀌게 될 것이다.

이 책에는 내가 케임브리지대학에서 연구한 심리학을 토대로

'행동하는 습관을 가진 사람'의 50가지 습관을 소개하고 있다. 그 뿐만 아니라 내가 주재하는 교실의 참가자들 중 성과가 좋은 사람과 지금까지 만난 행동하는 습관을 가진 사람들의 공통점을 정리한 것이다.

이 책을 통해 '행동하는 습관을 가진 사람'의 습관을 소개하는 것만으로는 설득력이 부족할 것 같아, 책에서 소개하는 습관을 시험해보았다. 다이어트가 바로 그것인데, 교토에서 교실을 운영하는 동시에 각지를 돌며 강연과 강의를 진행하는 2개월 동안 9킬로그램의 감량에 성공할 수 있었다. 그리고 이 책의 집필도 마감예정일보다 훨씬 빨리 마칠 수 있었다.

'곧바로 행동하는 습관'은 자신의 인생을 컨트롤하는 감각을 되살리는 최강의 방법론이다. 곧바로 행동하는 습관을 가짐으로써 믿기지 않을 정도로 생동감 넘치는 하루하루를 살아갈 수 있다고 자신 있게 말할 수 있다.

행동하는 것은 당신의 인생을 빛나게 해줄 유일한 방법이다. 어렵게 생각할 필요는 전혀 없다. 50가지 습관을 모두 이해하고 모두 실천에 옮길 필요도 없다. 할 수 있을 법한 것부터 하나하나 도전해 간다면, 행동하는 것이 얼마나 즐거운 일인지 터득하고 하루하루가 점점 더 충만해짐을 실감하게 될 것이다.

쓰카모토 료

차례

7장
행동하는 습관을
가진 사람의
추진력은 남다르다

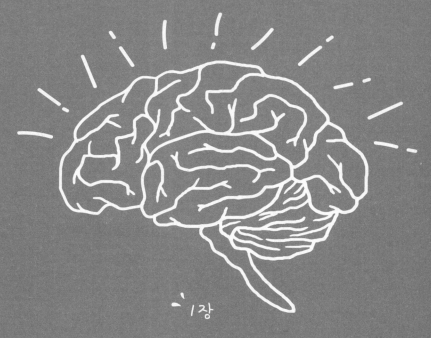

1장

행동하는 습관을 가진 사람의
사고는 다르다

원활히 행동하는 사람
억지로 행동하는 사람

　쉽고 편하게 즐거운 인생을 사는 길과 고생하면서도 즐거운 인생을 사는 길이 있다면 당신은 어느 쪽을 택할 것인가? 나라면 두말할 것 없이 쉽고 편하게 즐거운 인생을 사는 길을 택할 것이다. 이 책을 선택한 여러분도 틀림없이 나와 같으리라. 사람은 고생을 싫어한다. 귀찮은 것도 당연히 싫어한다.

　"가능하다면 고생은 피하고 싶다. 가능하다면 편하게 살고 싶다."

　이것은 지극히 자연스러운 것이며 그러한 마음을 부정할 필요도 없다. 반면 우리는 향상심도 가지고 있다.

　"좀 더 멋진 내가 되고 싶다" "훌륭한 사람이 되고 싶다" "아름다운 내가 되고 싶다" "돈을 더 벌고 싶다" "더 맛있는 음식을 먹고 싶다" 하고 바란다. 그런데 지금보다 나은 인생을 살기 위해서는 지금보다 더 노력해야 하지 않을까?

"모든 성공의 열쇠는 행동이다."

이것은 여러분도 다 아는 피카소의 명언이다. 역시 시대를 막론하고 성공의 열쇠는 행동뿐이다. 행동하지 않고는 보다 나은 인생을 얻을 수 없는 법이다.

편하고 싶은 자신과 보다 나은 생활을 하고 싶은 자신이 있다. 언뜻 보기에 모순되는 상황을 양립하기 위해 자기 자신을 자유자재로 컨트롤하고 행동하게 할지를 생각할 필요가 있다.

이 책에서는 '곧바로 행동하는 사람'과 '곧바로 행동하지 못하는 사람'의 습관이 어떻게 차이가 나는지를 설명한다. '곧바로 행동하는 사람'은 억지로 움직이려고 하지 않는다. 오히려 어떻게 하면 자신이 편하게 움직일지 알고 있다.

한편 '곧바로 행동하지 못하는 사람'은 억지로 움직이려다가 실패하고 만다. 무리하게 행동하려고 하면 아무래도 상당한 에너지를 필요로 한다. 자칫하면 앞에서 언급한 '학습성 무력감' 상태에 빠지고 만다.

오늘부터 다이어트하자고 결심하고도 '내일부터 하자' 하고 미룬다든지, 이번에야말로 여유 있게 일을 끝내자고 마음먹고도 철야까지 하고서야 마지막 날 겨우겨우 마치기도 한다.

이런 상황이 반복되는 동안 '역시 나는 안 돼!' '나 같은 게으름뱅이도 없을 거야'라는 자기 체념과도 같은 생각이 어느새 자리 잡고 만다. 이것이 바로 학습성 무력감이다. 그렇게 되면 더더욱 행동하기 어렵게 되고 피카소가 말하는 '성공의 열쇠를 포기하고 마는' 상황에 처하게 될 것이다.

과거의 내가 바로 그랬다. 초등학생 때부터 공부도 못하고 운동도 못했다. 밤늦도록 여기저기 학원을 맴돌아도 마지못해 오갔을 뿐이었다. 고등학교 1학년 때는 전국 모의고사에서 최악의 점수를 받고, 중앙지를 장식했을 정도의 사건을 일으킨 문제아였다. '나는 어차피 안 될 인간이야. 뭘 해도 안 돼'라는 생각밖에 하지 못했다. 내나름대로는 노력해보자고 몇 번이나 시도하고 또 시도했는지 모른다. 하지만 결국 아무것도 하지 못한 채 끝나고 마는 실패의 연속이었다. 그야말로 '곧바로 행동하지 못하는 사람'의 전형 그 이상도 이하도 아니었다.

하지만 사람은 얼마든지 변할 수 있다. 만일 여러분이 '나는 게을러'라고 느끼면서도 자신을 변화시키고 싶다면 한 가지 알아두어야 할 사실이 있다. 무리하게 행동하려고 할수록 개미지옥 같은 올가미에 빠져들고 만다는 사실이다.

반면 '곧바로 행동하는 사람'은 행동하는 데 성공적인 패턴을 가지고 있다. 지금 당장 행동해야 한다는 강박관념을 버리고, 저절로 행동하는 습관을 익히는 데 집중하도록 하자.

 행동하는 습관을 가진 사람은 저절로 실행하는 구조를 만든다.

머릿속을 비우는 사람
머릿속으로 처리하려는 사람

　스마트폰이나 태블릿 등 디지털 기기의 보급으로 작업 효율은 극적으로 향상되었다. 게다가 여러 가지 애플리케이션 등의 툴을 효과적으로 사용하면 무엇이든 못할 것이 없겠다는 착각마저 든다. 하지만 '곧바로 행동하는 사람'은 무조건 디지털 기기를 사용해 해결하려고 들지 않는다. 아날로그와 디지털을 효율적으로 분리 사용한다. 갑자기 떠오른 일이나 아이디어를 단번에 컴퓨터 등에 입력하지 않고, 펜과 종이를 적극적으로 활용하여 기록한다. 특히 요즘처럼 정보가 넘치고 해야 할 일이 끊임없이 쏟아지는 시대에는 효과적이다.

　예컨대 '이것도 해야 하고 저것도 해야 하는데……'와 같은 상황에서는 뇌의 성능이 떨어지게 마련이다. '다음엔 이것, 그다음엔 저것' 등의 생각이 머릿속을 가로지르는 순간, 집중력은 떨어지고 만다. 이것은 뇌의 워킹 메모리에 부하가 걸려 다운되어버린 상태라고 할 수 있다. 컴퓨터나 스마트폰도 마찬가지다. 너무 많은 프로그램을 동시에 작동시키면 부하가 걸려 다운되거나 처리속도가 저하된다. 이런 상태로는 반드시 해야 할 일을 진행시킬 여력이 없다.

'곧바로 행동하는 사람'은 머릿속을 텅 비움으로써 뇌에 가중되는 부하를 덜어낸다. 그렇게 하면 본래 해야 할 일에 에너지를 집중시킬 여유가 생기기 때문이다. 특히 집중해서 처리해야 할 경우는 그만큼의 여유공간을 뇌에 만들어줄 필요가 있다. 그렇다면 어떻게 하면 머릿속을 비울 수 있을까?

머릿속에 있는 것을 종이에 쓰면서 비울 수 있다. 일단 종이에 써두면, 한 가지 작업이 끝난 단계에서 다음 작업에 대해 생각할 수 있고, 자연히 다음 작업에 집중할 수 있게 되고 망설임 없이 다음 행동으로 이어지게 된다.

나는 어떤 생각이 머리를 스치면 종이에 적는다. 머릿속에 담아두지 않는다. 그래서 나는 항상 종이와 펜을 소지하고 다닌다. 그때그때 생각나거나 느낀 점들을 하나둘 적어 내려간다. 뭔가 좋은 아이디어를 떠올려야 하는데 좀처럼 떠오르지 않을 때가 있다. 그럴 때는 수첩과 펜만 가지고 사무실 근처 아늑한 카페로 가서 생각에 잠긴다. 생각나는 대로 펜을 굴리다 보면 좋은 아이디어가 번쩍 떠오른다. 생각을 논리적으로 머릿속으로만 정리해 완결 지을 수 있는 사람은 그리 많지 않다.

한편 '곧바로 행동하지 못하는 사람'은 두뇌의 힘만 믿기 때문에 온갖 것들을 머릿속으로 다 해결하려고 한다. 머릿속을 비울 생각을 하지 않기 때문에 처음에는 순조롭게 되는가 싶다가도 어느 시점에서 한번 막혀버리면 뇌가 단번에 다운되고 만다. 즉 좌절할 위험이 아주 높다.

종이에 적는다고 하면 왠지 시간이 걸릴 것 같다. 하지만 일단 써내려감으로써 머릿속을 비울 수 있고, 복잡한 일들이 정리된다. 시간은 의외로 많이 걸리지 않는다.

우선은 머릿속에 떠오른 생각들을 하나하나 적어내려가보자. 정갈한 문장이나 도표를 그릴 필요는 없다. 낙서를 한다는 느낌으로 그저 머릿속에 떠오른 것들을 종이 위에 옮겨 적기만 하면 된다. 그것만으로도 머릿속은 말끔하게 정리된다.

느낌이나 생각을 그때그때 적어내려감으로써 자신의 머릿속을 객관적으로 바라볼 수 있으므로, 뜬구름처럼 어렴풋하던 것들을 분명하게 정리할 수 있다.

행동하는 습관을 가진 사람은 종이에 적어내려감으로써 머릿속을 정리한다.

사람, 금전, 시간을 내 편으로 만드는 사람
자기 자신을 몰아붙이는 사람

행동을 방해하는 것 중에 자력으로 뭐든 하겠다는, 이른바 '자력본원'이라는 것이 있다. 얼핏 들으면 자기 스스로 하겠다는 기특한 마음가짐처럼 들릴지 모른다. 하지만 심리학에서는 자력본원이 지나치면 오히려 행동하는 데 크나큰 방해요소가 된다고 본다.

정신력이 아주 강한 사람이라면 문제될 것이 없지만, 나처럼 정신력이 약한 사람은 자신을 움직이는 구조를 만드는 편이 훨씬 쉽다. 그렇다면 어떻게 하면 자신을 컨트롤하고 행동하게 하는 구조를 만들 수 있을까?

자신이 가진 자원을 어떻게 활용하느냐가 핵심이다. 정신력이 아니라 자원으로 자신을 움직이는 구조를 만들어내는 것이다. 먼저 자신을 행동하게 하는 구조를 구축하기 위해서는 행동에 구체성을 주어야 한다. 해야 할 일이 모호하면 행동을 일으키기 쉽지 않다. 그러므로 행동을 일으키기 전에 이른바 '사람^{human}, 금전^{money}, 시간^{time}'에 대해 생각해볼 필요가 있다.

H=사람, M=금전, T=시간

이들 자원의 조합이 아주 중요하다. 이를 통해 자기 스스로 행동하게 되는 강력한 구조를 만들 수도 있다. 우선 '곧바로 행동하는 사람'은 H(사람)를 현명하게 끌어들인다.

예컨대 새롭게 뭔가를 배워보려고 한다면, 학원에 등록하기 전에 이미 그것을 배우고 있는 사람이나 경험자에게 조언을 구한다. SNS에 "영어회화를 배우고 싶다"라고 올리면, "지금 내가 듣는 수업 선생님이 아주 잘 가르치는데 이번 주에 같이 가볼래?"라는 신속하고 친절한 댓글이 올라온다. 그렇게 되면 혼자서 여기저기 알아보고 고민하는 것보다 훨씬 실현성이 높아진다. 사람은 고민하는 동안 의지가 점점 약해지는 경향이 있기 때문이다. 게다가 공개적으로 추천을 받으면 보는 눈도 있기 때문에 좀처럼 그만둘 수 없게 된다.

M(금전) 또한 구조 만들기에 영향을 미친다. 다이어트를 예로 들면 이해하기 쉬울 것이다. 다이어트에 투자할 돈이 많다면 개인 트레이너를 고용하여 그만큼 효과를 높일 수 있다. 반대로 돈이 별로 없

다면 집 근처를 조깅하는 방법을 택할 수 있다. 그럴 경우에는 지인 중에 함께 조깅할 파트너를 찾으면 실천하기 쉬워진다. "이번에야말로 다이어트에 반드시 성공하고 말겠어!"라고 다짐했다면, 거기에 어느 정도의 돈을 투자할 수 있는지에 따라 취해야 할 행동이 달라진다. 행동이 막연하고 구체성이 없으면 뒤로 미루는 것이 만성화되고 만다.

그리고 '곧바로 행동하는 사람'은 구체적이고 시간에 대한 의식이 높기 때문에 언제 할 것인가를 그 즉시, 명확하게 정한다. 다소의 예지를 발휘해 어느 정도 시간을 들이면 눈앞의 과제를 달성할 수 있을까를 검토한다. 그럼으로써 지금의 첫걸음이 확실한 첫걸음이 되리라는 확신을 가지고 행동에 옮길 수 있다.

사람은 끝이 보이지 않는 일에는 선뜻 발을 내딛지 못하는 경향이 있다. 출구가 보이지 않는 터널을 한없이 걷는 것은 누구에게나 불안한 일이다. 출구를 통해 스며드는 한줄기 빛이 보이면 "그래, 저기까지 힘을 내서 가는 거야!"라고 한 걸음 한 걸음 앞으로 나아갈 힘이 샘솟는다.

'곧바로 행동하는 사람'은 이런 귀중한 자원을 효율적으로 활용함으로써 행동하는 구조를 만든다. 반면 '곧바로 행동하지 못하는 사람'은 자원의 활용이 전혀 효율적이지 않거나 자원의 존재조차 인지하지 못하는 경우도 있다.

혼자 힘으로 뭐든 척척 잘해낸다면 무슨 문제가 있겠는가. 다만 나 같은 게으른 사람도 '행동하는 습관을 가진 사람'이 되기 위해서

는 '사람, 금전, 시간'이라는 자원을 스스로 행동하게 하는 에너지로
변화시킬 필요가 있다.

행동하는 습관을 가진 사람은 사람을 현명하게 끌어들이고,
돈과 시간에 대한 명확한 기준을 가지고 있다.

행동하는 습관

냉정히 내일을 의심하는 사람
마냥 내일을 믿는 사람

당신은 이 책을 어떤 마음으로 구입했는가? 서점에서 샀든, 인터넷으로 주문했든 살 때는 모두 "와, 재밌겠다. 한번 읽어봐야지!"라는 마음으로 구입했을 것이다. 그런데 구입한 직후 바로 읽었는가? 아니면 일단 책꽂이에 꽂아뒀다가 "아, 읽는다는 걸 깜빡했네!"라며 꺼내 읽기 시작했는가?

모티베이션(동기부여)이란 물고기와 같은 것이다. 막 잡아 올린 물고기가 제일 맛있는 것과 마찬가지로, 모티베이션에도 신선도가 있다. '하고 싶다' 하고 느낀 순간이 모티베이션의 신선도가 가장 높다는 사실을 기억하자.

다시 말해 책을 산 순간에 읽고 싶은 마음이 가장 높다는 말이다. 만일 책을 사들고 집에 가서도 다음날까지 봉투에서 꺼내지도 않고 그대로 내버려뒀다면 어떻게 될까? 읽을 짬이 좀처럼 나지 않아 계속 그 자리에 둔 경험은 누구나 한 번쯤은 있을 것이다.

나도 학창시절에는 그런 적이 한두 번이 아니었다. 서점에 가서 참고서를 몇 권 사오는 것까진 좋은데, 문제는 그다음이다. "내일부터 해야지!"라는 마음으로 그날 하루를 그냥 보낸 탓에, 몇날 며칠이 지난 어느 날 정신 차리고 보면 책꽂이 한쪽 귀퉁이에 처박혀 있기 일쑤였다. 책을 구입하는 것에 만족하고 마는 셈이다.

말하나 마나 그렇게 해서는 성과로 이어질 수 없다. 그것은 '곧바로 행동하지 못하는 사람'의 전형이라고 보면 된다. '곧바로 행동하지 못하는 사람'은 내일도 높은 모티베이션을 유지할 수 있을 거라고 믿고, 내일 하면 된다거나 내일부터는 꼭 시작하자고 자신을 설득한다. 하지만 아차 하는 순간 돌아보고서야 결국엔 하지 못했다는 사실을 깨닫고, 그런 자신에게 '나는 안 될 인간!'이라는 꼬리표를 달게 된다. 그때 가서 유통기한 만료가 임박해 있는 모티베이션의 신선도를 돌이키기란 결코 쉬운 일이 아니다.

반면 '곧바로 행동하는 사람'은 미래를 믿지 않는다. '내일부터'라거나 '언젠가'라는 생각은 모티베이션의 신선도를 앗아가는 천적이라는 사실을 알고 있기 때문이다. 그리고 그 '언젠가'는 결코 찾아오지 않음을 안다. 그러므로 바로 지금 행동에 옮기지 않고는 못 배기는 것이다.

《톰 소여의 모험》의 저자 마크 트웨인은 이렇게 말한다.

행동하는 습관

"The secret of getting ahead is getting started."

(전진하기 위한 비결은 시작하는 것이다.)

'곧바로 행동하는 사람'은 곧바로 행동함으로써 모티베이션을 높이는 데 성공한다. 그렇다면 곧바로 행동하는 것이 어떻게 모티베이션을 고양시키는 것일까?

여러 가지 요인이 있지만, 그중 하나로 자이가닉 효과^{Zeigarnik effect}를 들 수 있다. 자이가닉 효과란 '인간은 달성하지 못한 작업이나 중단 혹은 정체된 일에 대해 보다 강한 기억과 인상을 갖는다'는 심리학적 현상이다. 작게나마 행동을 일으키면 '하다 만 것'에 대한 미련이 기억에 남는다. 그리고 그 기억은 '완성하고 싶다'는 욕구로 이어진다.

그 효과를 이용하는 대표적인 사례가 텔레비전 드라마다. 언제나 아슬아슬한 장면에서 이야기를 끝냄으로써 시청자로 하여금 그 다음 편이 보고 싶어 안달하게 만드는 것이다.

모티베이션의 신선도가 높을 때 '0'을 '1'로 바꿔주면 보다 강한 의식을 갖게 되고 그것이 곧 행동으로 이어지는 계기를 만들어준다.

행동하는 습관을 가진 사람은 내일이 되면 모티베이션이 저하된다는 사실을 알고 있다.

양방향으로 사고하는 사람
한 방향으로 사고하는 사람

'역산사고'와 '축적사고'라는 말을 들어본 적이 있는 사람도 많을 것이다. 역산사고란 먼저 목표를 설정해놓고 거기에 도달하기 위해 지금 무엇을 어떻게 해나가야 하는가를 정한 후 그 플랜에 맞춰 행동하는 사고방식이다. 반면 축적사고는 역산사고와는 정반대다. 어디까지 할 수 있을지는 모르지만 지금 할 수 있는 최선을 다해 행동한다는 사고방식이다.

확실히 비즈니스는 물론 사적인 일에 있어서도 역산사고는 우리에게 많은 이점을 안겨준다. 역산사고는 마치 요리와도 같다. 만들고 싶은 요리, 즉 만들고 싶은 미래가 명확하게 정해져 있다. 이런저런 재료들을 섞어 볶았더니 이런 요리가 완성되더라는 식이 아니다. 역산사고에는 도착하고픈 목표점이 존재한다. 그리고 그것을 향해 차근차근 행동해나가는 만큼 과정이 명확하고 행동에도 항상 기준이 있다. 예컨대 카레를 만든다고 가정해보자. 어떤 재료가 필요하고 그것들을 어떻게 준비하고 어떻게 조리해서 어떤 순서로 냄비에 넣을 것인지 등을 미리 생각한다.

또 목표를 명확하게 세우는 것은 배제해야 할 일도 정하는 것이므로, 낭비를 줄일 수 있다. 서울에서 부산으로 가면서 일부러 포항에 들렀다 가는 사람은 없다. 그와 마찬가지다. 역산사고를 함으로써 기준을 세울 수 있으므로 행동이 구체적이 된다.

특히 비즈니스에서는 '무엇을 해야 하는가?'라는 목표와 그 마감일이 정해져 있는 경우가 많기 때문에 역산사고는 아주 효율적이다. 또한 "이것은 지금 당장 해야지, 안 그러면 제시간에 못 마치겠는걸!"과 같은 사실도 알 수 있다.

'곧바로 행동하지 못하는 사람'은 역산사고를 하지 못한다. 목표를 생각하지 못하므로 '그냥 할 수 있는 데까지 열심히 했다'라고 생각하기 쉽다. 그런데 '곧바로 행동하는 사람'은 역산사고를 할 뿐 아니라 축적사고 또한 부정하지 않는다. 축적사고도 가끔 필요하다고 생각하는데, 목표를 설정하기 어려울 때가 바로 그렇다.

자신의 꿈을 그려보거나 목표를 세워보려고 해도 정작 무엇을 하고 싶은지 모르는 사람이 최근 들어 증가하고 있다. 그들의 기분을 짐작해보면 알 것도 같다. 꿈이나 목표를 억지로 찾아내려고 하면 마음은 선뜻 내키지 않을 것이 분명하다. 지금 시대는 전에 없이 선택지가 차고 넘쳐서, 어떤 문 너머에 진심으로 행복을 느끼는 자신이 있을지 짐작조차 할 수 없을 지경이다.

그런 의미에서 "어떤 미래로 연결될지 지금은 알 수 없지만, 해보고 싶으니까 해보는 거야!"라는 선택지를 추천한다. 스티브 잡스가 대학을 중퇴하고 캘리그라피를 시작한 것은 아름다운 폰트를 만들어내기 위해서가 아니었다. 다만 반해서 시작한 그 일 앞에 Mac의 아름다운 폰트가 그를 기다리고 있었던 것이다.

인생에 예술성을 부여해주는 것은 '해보고 싶다'는 순수한 마음일지 모른다. 심리학에서는 '내적 동기부여'라는 말을 사용하는데, '좋아하면 잘하게 된다'는 말도 있듯이 '하고 싶다'거나 '즐겁다'는 마음 또한 중시해야 할 것이다.

'곧바로 행동하는 사람'은 설정한 목표에만 전념하지 않고 마음의 소리에도 귀를 기울이므로 흥미를 갖게 된 일에는 적극적으로 행동한다.

나도 전에는 역산사고가 중요하다고 생각했다. 하지만 외국에 나가 "하고 싶은 일을 못한다면 대체 무엇을 위해 사는가?"라는 사고방식을 접했을 때, 그동안 마음의 소리에 순응하지 않고 초조하게 스스로를 밀어붙이기만 했다는 사실을 깨달았다. 지나치게 자신을 몰아붙인 결과, 거기에는 아무런 의욕도 없는 내가 서 있을 뿐이었다.

역산사고는 목표를 생각하는 사고법이고 축적사고는 현시점에서 한 걸음 한 걸음 걸어나가는 사고법이므로, 정반대되는 사고법이다. 어느 한쪽만 중요한 것이 아니라 양쪽 모두 효율적으로 구분해 쓸 수 있어야 한다.

행동하는 습관을 가진 사람은 출발점 기준으로도 목표점 기준으로도 생각할 수 있다.

사고하기 위해 행동하는 사람
행동하기 위해 생각하는 사람

생각만 해서는 아무것도 달라지지 않는다. 이것은 그야말로 '곧바로 행동하는 사람'의 내면 깊이 자리 잡고 있는 사고방식 중 하나다. 그렇다고 생각 자체를 소홀히 여기는 것은 아니다. 아무 생각도 하지 않는다면 일도 인생도 잘될 리가 없다. 깊이 생각하는 자만이 성공할 수 있다는 것은 두말할 여지없는 진실이다.

여기에서 중요한 것은 생각하는 것이 얼마나 중요한가를 알기에 더더욱 행동하게 된다는 사실이다. 진짜 생각을 하기 위해서 행동하지 않으면 안 된다고 바꿔 말할 수 있다. 이것이 '곧바로 행동하는 사람'들의 공통된 사고패턴이다. 행동하기 위해서 생각하는 것이 아니라 이것저것 생각하기 전에 먼저 행동해보자는 사고방식이다.

예를 들어 축구공을 차본 적도 없는 사람이, 책을 통해 공 차는 법을 배우고 머리로만 자꾸 생각한다고 과연 공을 잘 찰 수 있을까? 실제로 공을 차봐야 어떻게 하면 공을 잘 찰 수 있는지를 생각할 수 있게 된다.

그런데도 '곧바로 행동하지 못하는 사람'은 '이건 이렇고 저건 저렇다'고 생각과 이론만 말할 뿐 아무 행동도 하지 않는다. 물론 결단을 내리고 행동에 옮기는 데에는 여러 가지 위험이 뒤따른다. 그런만큼 생각하기 위해 먼저 행동하자. 사고를 위한 행동을 하는 것이다. 큰 움직임이나 행동이 필요한 건 아니다. 작은 움직임으로 충분하다. 가벼운 마음으로 한번 해본다는 정도면 된다. 이런 작은 시도는 수집한 2차 정보보다 훨씬 더 중요하다.

즉 PDCA$^{\text{Plan Do Check Action}}$는 작은 Do에서 모든 것이 시작된다. 아주 작은 움직임이라도 좋으니 일단 시작하고 보자^{Do}. 그러면 어떤 형태로든 반응이 돌아올 것이므로 그때 돌아보고^{Check} 개선책을 찾는다^{Action}. 이것의 반복이 중요하다.

심리학에서도 작은 행동의 반복을 상당히 효과적이라고 본다. 행동함으로써 현실의 벽에서는 어떤 형태로든 반응이 돌아온다. 이러한 피드백이 바로 강력한 모티베이션을 만든다는 사실이 다수의 연구를 통해 밝혀졌다.

현실이라는 벽에 공을 던졌을 때, 그 공은 생각했던 것과는 전혀 다른 방향으로 튈지도 모른다. 하지만 그런 것이 현실이라면 해본 사람만이, 공을 던져본 사람만이 거기에서 뭔가를 배울 수 있다. 경험해보지 않은 사람은 알 수 없으므로 대단한 기회가 아닐 수 없다.

어느 세계적 규모의 비즈니스스쿨을 담당하는 사람에게 들은 이야긴데, 그 스쿨이 개최하는 비즈니스플랜 콘테스트에는 세계 각지에서 참가자가 모여든다고 한다. 그런데 이상하게 일본인은 거의 참가하지 않는다고. 좋은 플랜이 있다는 확신이 있을 때 응모하려는 심산일지도 모르겠다. 한편 다른 나라 사람들은 일단 응모하고 본다는 것이다. 일단 응모를 하고 나면 필연적으로 좋은 플랜을 생각해내지 않으면 안 되기 때문에 응모하는 것이 더 현명한 선택이라고 본다.

혹시 머릿속으로만 생각하는 데 지나치게 매달려 있지는 않은가? 작은 시도에서 모든 것은 시작된다. 여러분도 알다시피 현실은 생각처럼 안되는 일들 투성이다. 그러니 작은 행동을 먼저 일으킴으로써 사고의 질을 높이도록 하자.

행동하는 습관을 가진 사람은 작은 행동일지라도 일단 행동한다는 것의 의의를 알고 있다.

행동하는 습관

9,000번의 실패를 겪은 사람
전승을 노리는 사람

"나는 지금까지 9,000번 이상의 슛을 놓쳤다. 지금까지 거의 300경기를 졌으며, 결정적인 볼을 패스받고도 놓친 적이 26번이다. 인생에서 몇 번이고 실패를 거듭해왔다. 덕분에 지금처럼 성공할 수 있었다."

이것은 마이클 조던의 말이다. 실패하고 싶어 실패하는 사람은 아무도 없다. 실패와 성공 중 어느 것 하나를 고르라고 하면 누구나 틀림없이 성공을 선택할 것이다. 다만 실패에 대한 두려움이 성공으로 가는 길을 빼앗을 가능성은 얼마든지 있다.

'곧바로 행동하는 사람'은 위험을 즐긴다. 위험을 두려워하지 않는 것은 아니다. 다만 위험을 느끼면서도 하나하나 눈앞의 과제와

진지하게 마주하고 도전할 뿐이다. 슛을 해야 공은 들어간다.

에디슨이 전구를 발명했을 때 남긴 "나는 실패한 적이 없다. 다만 10,000가지 잘못된 방법을 발견했을 뿐이다"라는 말은 너무나 유명하다. 시대를 막론하고 성공한 사람은 실패를 말한다.

'곧바로 행동하지 못하는 사람'은 성공하기 위해서는 실패를 용납할 수 없다고 생각한다. 한편, 옳다고 믿는 길을 돌진해온 '곧바로 행동하는 사람'들은 자칫 걸림돌에 걸려 넘어지는 실패를 재난처럼 생각하지 않는다. 그런 경험을 통해 많은 것을 배우면 된다고 쿨하게 받아들인다.

실수나 실패의 횟수만큼 누군가에게 도움을 줄 가능성이 높아진다고 생각한다. 나는 수도 없이 많은 실패를 했다. 고등학교 1학년 때는 중앙신문에 실릴 정도로 중대한 사건을 일으켰는데, 설마 경찰과 법원에까지 가게 될 줄은 상상도 못했다. 잘되는 일이라곤 하나 없고 주위에 폐를 끼치는 것만이 내 존재를 어필할 유일한 방법처럼 여겨졌다. 그런 과거와 많은 사람에게 폐를 끼친 것에 대해서는 지금까지도 미안하게 생각하고 있다.

하지만 과거는 되돌릴 수 없으나 미래는 바꿀 수 있지 않은가. 나는 실패를 경험해본 만큼 보이지 않는 미래 때문에 발버둥치는 사람들의 마음을 누구보다도 잘 안다. 실패를 경험해서 같은 상황에 처한 사람의 기분을 누구보다 잘 이해할 수 있고 구체적인 조언도 할 수 있는 것이다.

그러므로 '이거다!' 하고 도전했다가 실패하더라도 나는 전혀 부끄럽지 않다. 그 실패가 오히려 잘된 일이었다고 생각하게 될 날이 반드시 올 것임을 알기 때문이다. 잘못된 방법 하나를 알게 되었으므로 같은 실수를 반복하지 않으면 훌쩍 성장할 수 있다.

실패에 대한 두려움은 당신을 마비시킨다. 누구나 실패를 두려워한다. 특히 실패에 대한 두려움은 행동을 자꾸 미루는 주요 원인으로 작용한다. 단기적으로 보면 실패는 결코 바람직한 것이 아니다. 하지만 이처럼 다수의 성공자들이 입을 모아 과거의 실패에 대해 이야기하는 데에는 반드시 그럴 만한 이유가 있을 것이다.

물론 실패 없는 승부가 안정감을 주고 맘 또한 편하므로 굳이 버릴 필요까지는 없지만, 실패 없는 승부만으로는 아무래도 행동이 굼뜨게 되고 그러다 보면 결국 뒤처지고 만다. 장기적으로 볼 때 이것만큼 손해인 것도 없지 않을까.

불안을 느낀다는 것은 적어도 미래가 있다는 증거다. 작은 실패를 가급적 자주 즐기도록 하자.

 행동하는 습관을 가진 사람은 작은 실패를 큰 성공으로 이끌어낸다.

눈앞의 일에 집중하는 사람
결과만 신경 쓰는 사람

"만일 오늘이 인생의 마지막 날이라면, 지금 하려는 일이 정말 내가 원하는 일일까?"

이것은 스티브 잡스가 남긴 명언인데, '곧바로 행동하는 사람'은 '지금'이라는 순간을 과거보다도 또 미래보다도 더 중시한다. 인생이란 지금 이 순간 눈앞에서 벌어지고 있는 일 그 이상도 이하도 아니다. 그 누구도 미래를 보장할 수 없기 때문이다. 그러므로 눈앞의 일에 전력을 다해야 한다.

반면 '곧바로 행동하지 못하는 사람'은 미래에 다가올 결과에만 의식을 집중한 나머지 행동할 여유조차 갖지 못한다. "혹시라도 잘 안되면 어쩌지?"라며, 스스로 컨트롤할 수도 없는 성과에 지나치게 신경을 쓰느라 오히려 행동할 생각도 못한다.

성과는 자기가 결정할 수 없다. 회사 업무라면 상대방이 있고 여러 가지 요소가 복잡하게 얽혀 있다. 내가 아무리 애썼다고 해도 상대방이 그것을 받아들이지 않을 수도 있다. 그렇다고 '에라 모르겠다' 하고 내팽개쳐버리면 당연히 성과는 얻을 수 없다. 당첨이 될지 안 될지는 아무도 모르지만, 복권을 샀을 때 비로소 당첨될 가능성도 생기는 것이다. 이때 복권을 산다는 선택과 행동은 지금 이 순간에만 할 수 있다.

과거에 연연하는 것은 물론 좋지 않다. 과거의 영광에 얽매이는 것은 지금의 자신이 그 이상의 것을 누리지 못하기 때문이다. 다시 말해 현실에 만족하지 못하고 있다는 증거다. 그리고 우리는 미래를 말함으로써 살아갈 용기를 얻는다. 하지만 먼 미래만 바라보다가는 자칫 돌부리에 걸려 넘어질 수 있다. 미래 또한 지금이라는 순간이 축적되었을 때 비로소 존재하는 것이다. 미래를 그리고 미래를 논하더라도 지금 이 순간에 얼마만큼 마음을 쓰느냐, 눈앞의 현실과 직면하고 있느냐가 중요하다.

"Seize the day." (지금을 살아라.)

케임브리지에 있을 때 미국인 선생에게서 이 말을 처음 들었다. 마침 케임브리지대학 입학시험을 앞두고 있을 때였는데, '과연 합격할 수 있을까' 하는 불안에 휩싸여 있던 나는 그 말을 듣고 깜짝 놀랐다. 시험일까지 남아 있는 며칠 동안 전력을 다해 노력하는 것 외에는 다른 선택지가 없다는 사실을 까맣게 잊고 있었던 것이다.

기업에서 영어 프레젠테이션 연수를 할 때면, 나는 마지막 수업의 일환으로 수강생에게 간부 앞에서 프레젠테이션을 해보라고 권한다. 발표할 차례가 다가오면 누구나 긴장감이 고조된다. 향후의 커리어와 직결되기 때문이다. 지켜보는 나한테까지 그 긴장감이 고스란히 전해져올 정도다.

실제 상황에서 생각보다 훨씬 좋은 성과를 낸 사람과 그렇지 못한 사람의 가장 큰 차이점은 바로 마음가짐이다. 중요한 일을 앞두고 긴장감이 고조되는 것은 너 나 할 것 없이 모두 똑같다. 다만 성과에 너무 연연한 나머지 '실패하면 어쩌지?'라는 마음이 뇌리를 지배하느냐 혹은 지금 자신이 할 수 있는 일에 정신을 집중시키느냐의 차이는 어마어마하다.

지금에 집중할 수 있는 사람은 좋은 의미에서 성과를 포기한 사람이다. 할 수 있는 일에 최선을 다하자는 생각에 온 정신이 쏠려 있기 때문이다. 그러면 성과는 자연스럽게 따라오게 마련이다. '곧바로 행동하는 사람'은 눈앞의 일을 해서 성과라는 미래에 불안을 느껴 지금을 그르치는 일이 없다.

매일 지금의 나보다 1% 성장한 나를 반복한다면, 수치상으로 365일 후에는 약 38배 성장한 자신을 만나게 될 것이다. 1.01×1.01을 365번 반복하면 37.8이 된다. 자전거 페달을 처음 밟을 때와 마찬가지로 처음에는 큰 변화가 없지만, 바로 그 순간 얼마나 전력을 다하느냐가 1년 후에는 크나큰 차이를 만들어낸다.

미래에 대한 불안 때문에 움직임이 굼뜨거나 마비되었을 때일수록 눈앞에 있는 일, 주변에 펼쳐진 상황에 의식을 집중하도록 하자.
현상을 타개하는 방법은 '지금'이 아니면 찾을 수 없기 때문이다.

행동하는 습관을 가진 사람은 지금 이 순간을 무엇보다
중시한다.

2장

행동하는 습관을 가진 사람의

행동력은 다르다

환경으로 행동력을 높이는 사람
유혹에 지는 사람

우리는 눈으로 본 정보에 가장 큰 영향을 받는다. 맛있는 요리를 보면 먹고 싶어지는 것처럼 눈앞에 가장 좋아하는 음식이 있으면 먹고 싶어 견딜 수 없게 된다. 딱히 의식해서 그런 것도 아닌데 저절로 침이 분비된다. 그것은 과거의 '맛있었다'는 경험에서 비롯되는 조건반사다. 텔레비전이나 잡지 등도 마찬가지다. 재미있게 봤던 경험이 조건반사를 일으킨다. 또 좋아하는 것을 보면 도파민이 일시에 증가하기 때문에 충동적이 되기도 한다.

그럴 때 '곧바로 행동하지 못하는 사람'은 의지가 약해서 못 하는 거라며 모든 책임을 의지력에 떠넘겨버리기 일쑤다. 물론 의지력이 강하고 어떤 환경에서든 자기가 할 일을 해내는 강인함이 있다면 더 말할 수 없이 멋진 일이다.

그런데 자신의 나약함을 극복해야 한다며 발버둥치면서 어쩌다 보게 된 텔레비전이나 잡지 혹은 스마트폰 등의 유혹에 넘어가 소파에서 나뒹굴며 시간을 죽이고, 집에서나 회사에서나 게으름으로 일관하고 만다. 그렇게 자신의 나약함에 져서 결국 자신감을 상실하는 지경에 이른다. 하지만 잘 생각해보면 그것은 어쩌면 자연스러운 일일지 모른다. 왜냐하면 '곧바로 행동하지 못하는 사람'은 할 수 없는 환경에서 해보려고 노력하기 때문이다.

반면 '곧바로 행동하는 사람'은 의지력에 의존하지 않고도 유혹 자체를 떨쳐버리는 것이 훨씬 더 쉽다고 생각한다. 그들은 이미 행동할 수 있는 환경을 만들어두고 있기 때문이다. 혹은 행동할 수밖에 없는 환경에 자기 자신을 데려다 놓는다. 그것은 환경 만들기보다 더 간단한 일일지 모른다.

나는 그 정도로 의지력이 강하지 않기 때문에, 행동하고 싶어지는 환경 속으로 나 자신을 몰아넣는 것을 우선시하고 있다. 특히 자택이나 사무실에서 일이 잘 안 될 때는 평소 좋아하는 근처 카페로 가서 일한다. 아이디어를 떠올려야 할 때는 야외 테라스가 있는 카페를 찾아가기로 정해두었다. 사실 거기에는 이유가 있다. 확 트인 공간이 창조적 사고에 도움이 되고, 천정이 낮고 안정감을 주는 분위기의 장소가 집중력을 더 높여준다는 심리학 연구결과도 있기 때문이다.

특히 케임브리지에서 대학원을 다닐 때는 과제에 쫓기는 날들이 많다 보니 매일같이 대학도서관을 찾아야 했다. 그렇게 매일 도서관에 간 이유는 그곳에 가면 많은 동료들을 만날 수 있기 때문이었다. 영어를 모국어로 하는 친구들이 열심히 노력하는 환경에 있다 보면, 그들보다 더 노력하지 않으면 수업을 따라갈 수 없음을 절감하게 된다. 그런 압박을 느끼기 위해 도서관을 찾았다. 집에서 할 수 있는 일도 물론 있지만, 뭔가 하고 싶은 마음이 들도록 이끌어주는 견인차 역할이 되어줄 환경에 자신을 던져두면 자연스럽게 하게 된다.

요즘처럼 유혹이 넘치는 사회에 사는 현대인에게 유혹을 물리치겠다는 기백은 분명 필요하다. 하지만 유혹과 싸워 이기는 것 자체에 쓸데없이 에너지를 소비하게 될 수도 있다. 만일 자택이나 사무실에서 일하고 싶다면 애당초 유혹의 요소를 배제한 환경을 만들자. 그 첫걸음은 무소유다. 필요 없거나 관련 없는 물건들을 철저히 처분하는 일이다.

환경 만들기에 충실하거나 환경이 있는 장소에 자신을 옮겨다 놓으면 쉽게 행동할 수 있다. 의지력을 길러 자제하는 것도 분명 중요하다. 하지만 하지 않으면 안 될 때 '곧바로 행동할 수 있는 환경'을 조성하면 좀 더 쉽게 행동할 수 있다는 사실을 알아두기 바란다.

 행동하는 습관을 가진 사람은 의지력에 의존하지 않는다.

작은 돌부터 치우려는 사람
큰 돌부터 치우려는 사람

축구가 됐든 야구가 됐든 어떤 스포츠든 간에 갑작스럽게 시합을 시작하는 법은 없다. 본 경기가 시작되기 전 워밍업을 한다. 워밍업을 함으로써 체온을 올리고 부상을 예방하고 또 성과를 향상시킨다. 그뿐만 아니라 체온이 올라가면 근육도 신축이 잘되고 뇌에서 내려오는 지령도 산소도 전달이 잘된다. 그렇다면 여러분은 일이나 공부를 할 때 뇌와 마음의 워밍업을 하는가?

뇌와 마음이 충분히 따뜻해지지 않은 상태에서, 마음이 휘거나 부러질 정도의 부담되는 일이나 어려운 일이 갑작스럽게 닥치면 실패하기 십상이다.

'곧바로 행동하는 사람'은 어떤 일에 착수할 때 어렵고 힘든 일부

행동하는 습관

터 시작하지 않고 심리적인 부담이 적은 간단한 작업부터 시작한다. 왜냐하면 무슨 일이든 처음이 가장 많은 에너지를 필요로 하기 때문이다.

처음 5~10분간 일이 잘 진행되면 기분도 상승되고 리듬감도 생겨서 전체가 순탄하게 진행된다. 이것은 자전거 페달을 밟는 것과 유사하다. 처음부터 오르막길 앞에서 페달을 밟기 시작하는 것과 평탄한 길에서 달리며 기세를 올린 이후에 언덕길을 오르는 것 중 어느 쪽이 더 편할지 생각해보라.

'곧바로 행동하는 사람'은 처음부터 큰 돌을 옮기려고 하지 않는다. 가볍고 쉽게 옮길 수 있는 돌부터 시작함으로써 행동에 리듬을 싣는다.

나는 많게는 A4용지 50장 분량의 영문 에세이, 즉 50명의 에세이를 검토하고 교정한다. 만일 한 장 당 5분이 걸린다고 해도 250분, 즉 4시간 정도의 시간이 필요하다. "앞으로 4시간"이라고 생각하면 멀고 험난한 길이 펼쳐져 있는 것처럼 까마득해서 좀처럼 손이 가지 않는다. 그래서 나는 전체를 쭈욱 훑어본 후 손볼 것이 별로 없어 보이는 것들을 선별해 작업을 시작한다. 손볼 것이 많은 에세이의 경우 어쩔 땐 10분 넘게 걸리지만 손볼 것이 없는 것은 3분 정도면 끝낼 수 있기 때문이다.

반면 '곧바로 행동하지 못하는 사람'은 순서를 아예 생각하지 않거나 에너지를 많이 필요로 하는 어려운 것부터 시작하려고 한다. 물론 큰 문제부터 해결해놓으면 단번에 목표점에 훌쩍 다가간 것 같은 느낌이 들겠지만, 결과적으로 실패하거나 의욕을 상실하고 마는 경우가 많다.

나는 학창시절 공부를 진짜 못했다. 그래도 시험 전날이면 '조금이라도 해야지!'라는 생각에 제일 자신 없는 과목부터 집어들었다. 당연히 모르는 것이 너무 많아 금방 지쳤고, 그러다 보니 공부 자체가 싫어져서 그나마 좀 나은 과목에 투자할 에너지조차 사라지게 되는 것이다. 이처럼 '곧바로 행동하지 못하는 사람'은 자신이 못하는 것 혹은 어려운 것부터 해결하려고 한다. 그러면 금방 지쳐 나가떨어지고 그나마 할 수 있는 것도 못하고 의욕은 바닥이 난다.

시험도 마찬가지다. 내가 평소에 입이 닳도록 하는 말이 하나 있다. "시험을 볼 때는 순서대로 풀지 말고 풀 수 있는 것부터 풀어라!"가 바로 그것이다. 풀 수 있을 것 같은 문제부터 시작함으로써 '그래, 할 수 있어!'라는 자신감이 생기면 탄력이 붙어 결과가 향상되기 때문이다. 청소도 마찬가지다. 바로 청소할 수 있는 곳부터 시작하면 리듬감이 생긴다.

헬스장에 갈 때도 마찬가지다. 좋아하는 부위부터 근육단련을 시작하면 오늘도 뭔가 해낸 것 같은 자신감이 생겨 다른 부위도 근육단련을 끝까지 할 수 있게 된다. 마음이 그다지 내키지 않는 날에 특히 유효하다. 그런 날 좋아하는 부위만 하고 끝내자는 마음으로 시작하면, 어느새 '그래도 기껏 여기까지 했는데 좀 더 할까?' 하는 의욕이 생긴다.

같은 일을 하더라도 순서를 약간 바꿈으로써 심리적인 부담이 줄어들게 된다. 만일 여러분이 그 순서를 생각하는 노력조차 아끼고 있다면 그야말로 안타까운 일이 아닐 수 없다.

💡 행동하는 습관을 가진 사람은 작은 일부터 시작함으로써 탄력을 받는다.

자기 자신과 약속하는 사람
타인하고만 약속하는 사람

여러분은 스케줄표에 무엇을 기입하는가? 업무일정이나 친구들과의 약속을 기록하고 관리하는 사람은 많다. '곧바로 행동하지 못하는 사람'은 대부분 여기에서 끝난다. 더 나아가 자신과의 약속을 스케줄표에 기록하는 사람도 있다. 여러분은 어떤가?

"대부분의 성공한 사람은 남들이 시간을 낭비하고 있을 때 전진한다. 이것은 오랜 세월 내 눈으로 직접 확인한 것이다."

이것은 헨리 포드의 명언인데, '곧바로 행동하는 사람'은 항상 시간을 의식한다. 1년은 365일이고 이를 시간으로 환산하면 8,760시간이다. 그중 3분의 1은 잠자는 데 쓰고, 3분의 1은 직장이나 학교에서 보낸다고 하면 여러분이 자유롭게 쓸 수 있는 시간은 나머지

3분의 1, 즉 2,920시간이 된다. 3,000시간에 가까운 이 시간을 어떻게 유효하게 활용해서 미래를 창조할 것인가를 생각해보아야 한다.

시간에 대한 우리의 감각은 의외로 애매하다. 컨트롤할 수 있을 것 같지만 사실은 참 어렵다. 특히 뭐든 금세 귀찮아하는 나 같은 사람은 자기와의 약속을 명확하게 정해두지 않으면 질질 끌다가 결국 없던 일이 되고 만다. 타인과의 약속은 신용문제도 있기 때문에 강제성이 작용해서 행동에 옮길 확률이 높지만, 자기와의 약속은 자기변명으로 얼렁뚱땅 넘어가기 쉽다. 그렇기 때문에 자기와의 약속도 반드시 가시화할 필요가 있다.

나는 평소 시간표를 작성한다. 일요일 밤에 일주일분의 일정을 작성하는데, 업무 이외의 시간대를 정할 때 긴급성은 낮지만 중요성이 높은 일을 할 시간을 가장 먼저 확보한다. '곧바로 행동하는 사람'은 '긴급성이 높고 중요성이 높은 일'뿐만 아니라 '긴급성은 낮지만 중요성은 높은 일'에도 전력을 다한다. 자신과의 약속을 잡는 습관을 들이면 목표를 하나둘 실현할 수 있다.

특히 자기투자의 시간이 중요하다. 자신을 연마하기 위한 인풋input의 시간을 충분히 확보하고 있는가? 업무나 배제할 수 없는 일정을 정한 후, 우선적으로 자기를 위한 시간을 확보하고 있는가?

독서를 한다, 영어공부를 한다, 헬스장에 간다, 세미나에 참석한다, 만나고 싶은 사람을 만난다, 정리정돈을 한다 등 자기투자의 시간을 정확히 스케줄표에 기입하자. 자기와도 약속을 잡는 습관을 가지면 지금보다 훨씬 시간에 대한 의식이 강해질 것이다. 그리고 시간을 컨트롤할 수 있다는 감각은 강한 모티베이션을 부여해준다. 스케줄대로 일이 진행될 때, 자기 내부에서 에너지가 솟는 느낌을 경험한 적이 있을 것이다.

너무 바빠서 과연 계획대로 될까 불안하더라도 일단 계획만큼은 세우도록 하자. 계획대로 일을 추진하는 것은 아주 의미있는 일이다. 또 계획을 세우면 가령 계획을 지키지 못해도 왜 계획대로 되지 않았는지를 분석할 수 있다.

"꼭 해야 할 일이 있는데 그만 유혹에 넘어가고 말았다" 같은 상황을 객관적으로 파악함으로써, 별도의 시간에 그것을 메우려는 의지가 고양되므로 상황에 좌우될 가능성이 낮아지게 된다.

미국인 작가 찰스 벅스턴은 "무엇을 하든 시간은 찾을 수 없을 것이다. 시간이 필요하면 스스로 만들어야 한다"라고 했다. 시간은 만들려고 하지 않으면 '항상 없다'는 의미다.

생명과도 같은 시간을 의미있게 활용하기 위해서 '곧바로 행동하는 사람'들은 자신과의 약속을 우선시한다.

행동하는 습관을 가진 사람은 자신을 연마하기 위한 시간을 반드시 잡는다.

잠시 멈춰 리프레시하는 사람
뇌에 여유를 두지 않는 사람

우리의 의지력은 아침에 피크를 맞이하고 2~3시간 지나면서부터 저하하기 시작한다. 바꿔 말하면 '열심히 해야지!'라는 다짐은 시간이 지날수록 점점 감소한다는 것이다. 이것은 극히 자연스러운 현상이므로 어떻게 해볼 수 없는 일이라고 단념하는 것이 좋다.

'대시버섯'이라는 말을 듣고 '아하!'라고 하는 사람은 틀림없이 마리오 카트로 놀아본 적이 있는 사람일 것이다. 인기 레이싱게임인 마리오 카트에서는 경기 중에 버섯을 획득하면 단기적이긴 하지만 일시에 속도를 높일 수 있다.

'곧바로 행동하는 사람'은 지친 자신을 격려하는 방법을 알고 있다. 지쳤을 때 마치 대시버섯과 같이 하루를 재가속화시킬 수 있는 방법이 있지 않을까? 그 방법을 몰라 활용하지 못하고 있다면 그것만큼 아까운 일이 또 있을까.

첫 번째 방법은 '파워냅을 취하는 것'이다. 파워냅이란 간단히 말해 15분 혹은 20분 정도 가수면을 취하는 것이다. 미시건대학의 인지심리학 연구에서도 파워냅을 통해 우리의 의지력이 회복된다는 사실을 알아냈다. 그 효과는 2~3시간 지속된다.

아침에 일어났을 때와 같은 상태까지 회복되지는 않지만 자신을 컨트롤하는 힘이 높아지고 행동력 또한 향상된다. 점심식사 이후에는 식곤증이 찾아온다. 엄습하는 졸음을 간신히 극복했다고 하더라도 대부분의 경우는 오후 내내 머리가 개운하지 않은 상태가 지속된다. 나는 거의 매일 파워냅을 취하려고 한다. 이때 반드시 알람을 맞춰두고 잠을 청한다. 30분 이상 자게 되면 오히려 역효과가 나기 때문이다.

학창시절을 되돌아보기 바란다. 점심시간 이후 첫 번째 수업시간, 머리가 너무 무거워 결국 참지 못하고 책상에 엎드려 자버린 적은 없었는지? 그렇게 자고 나면 머리가 놀랄 정도로 맑아졌던 기억이 지금도 선명하다. 잠을 잔다고 해서 굳이 침대에 누워서 잘 필요는 없다. 의자에 앉은 채 눈을 감고 있는 정도의 낮잠만으로도 효과가 있다.

두 번째 방법은 '그린 엑서사이즈'다. 자연의 녹음이나 물을 보고 느낄 수 있는 장소는 회복을 극적으로 빠르게 해준다. 그러므로 녹색이 많은 곳, 강이나 호수 등 물을 느낄 수 있는 장소 근처를 5분에서 10분 정도 가볍게 산책하거나 스트레칭하면 뇌의 피로가 풀릴 것이다. 이때 굳이 무리한 운동을 할 필요가 없다. 아니 오히려 가벼운 운동이 더 효과적이다. 나는 뇌의 피로를 느낄 때면 강가 근처를 가볍게 산책하는데, 산책을 마친 뒤에는 머리가 훨씬 맑아져서 일에 더 집중할 수 있었다.

세 번째 방법은 '가벼운 샤워'다. 제대로 된 입욕보다는 땀을 씻어내는 정도의 가벼운 샤워를 하는 것이 좋다. 시간은 5분 이내가 적당하다. 파워냅과 그린 엑서사이즈에 비하면 효과는 그리 오래가지 않지만, 욕조에 몸을 담그지 않고 가볍게 샤워만 해도 의지력을 다소 회복시킬 수 있다. 그만큼 물이 갖는 효과가 크기 때문에 자연히 뇌를 재충전시켜준다.

이처럼 '곧바로 행동하는 사람'은 의지력에 무리하게 맞서려 하지 않고 어떻게 하면 자신을 리프레시하여 행동력을 회복시킬지를 생각하고 실천에 옮긴다. 여러분도 한번 실천해보길 바란다.

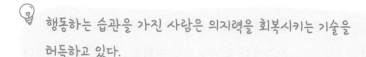

행동하는 습관을 가진 사람은 의지력을 회복시키는 기술을 터득하고 있다.

일단 한입 먹어보는 사람
나중에 다 먹으려는 사람

　하루하루의 행동을 분류하는 방법은 많은데, 그중에서도 '자신이 정한 일'과 '타인에게 의뢰받은 일'의 2가지로 크게 구분하는 방법은 '곧바로 해야 할 일'을 정할 때 중요한 요소가 된다. 왜냐하면 자기가 결정한 일에 대해서는 당연히 당사자 의식이 있지만 타인으로부터 의뢰받은 일에 대해서는 그것이 없기 때문이다. 의뢰받은 일은 자연스레 스스로 결정한 일보다 뒤로 미뤄질 가능성이 높아진다.

　그러므로 어떤 일을 능동적으로 추진하기 위해서는 스스로 당사자 의식을 갖는 것이 중요하다. 방법은 아주 간단하다. 일단 의뢰를 받아들인 시점에서 처음의 간단한 발단에 대해 고민함으로써 당사자 의식을 가질 수 있다. 심리학에서는 이를 '자기 효능감'이라고

　　　　　　　　　　　　　　　　　　　行動하는 습관

하는데 '나는 할 수 있다'는 자신감을 갖지 못하면 일 자체를 지연시킬 가능성이 높아진다.

노스캐롤라이나대학의 교육심리학자 데일 슝크에 따르면, 자기효능감을 높이기 위한 방법 중 하나가 '스스로 목표를 설정하는 것'이다. 그런데 주어진 업무는 자신이 설정한 목표가 될 수 없다. 어떻게 하면 주어진 업무를 자신의 목표로 전환시킬 수 있을까?

의뢰를 받아들였다면, 지금 하고 있는 일을 잠시 멈추고 의뢰받은 일에 대해 당장 취할 수 있는 행동을 우선 해보는 것이다. 지금 하고 있는 일을 중단하면 자칫 흐지부지되지 않을까 하는 걱정이 앞서겠지만, 앞에서도 소개한 인지심리학에서 말하는 '자이가닉 효과'란 것이 있다. 이는 미완료된 과제에 대한 기억이 완료된 과제에 대한 기억보다 머릿속에 잘 남는다는 것을 설명해준다.

드라마는 항상 '다음 장면이 진짜 중요해. 어떻게 될까?'라고 궁금증이 고조된 순간 '다음 이 시간에……'라는 자막이 흐른다. 이것이 바로 자이가닉 효과를 응용한 좋은 예다. 미완성은 자고로 기억에 오래 남는 법이다. 그러니 지금 하는 일을 잠시 중단한다고 해서 의식에서 완전히 지워질 일은 별로 없으므로 안심하기 바란다.

그리고 의뢰를 받아들였다면 잠시 하던 일을 멈추고 의뢰받은 일을 시험 삼아 조금 해볼 것을 추천한다. 어떤 형태의 계획이면 의뢰받은 일을 성공적으로 완료할 수 있을까 하는 스케줄을 세워보는 것도 좋다.

만약 다른 사람을 끌어들여야 할 필요가 있다면 서둘러 그에게 연락을 취해보는 것도 요령이다. 역산하여 자신의 행동을 구체적으로 상정하고 어떤 의문점들이 있는지 찾는 것도 좋다. 의문점은 최대한 즉시 질문해서 해소시키지 않으면 행동이 구체성을 가질 수 없다. 불분명하고 애매한 상태가 지속되면 자신이 컨트롤할 수 있는 감각이 감소하고 당사자 의식 또한 옅어지고 만다.

그렇게 모호한 채로 질질 끌다 보면 미완료의 어중간한 업무들이 축적될 수밖에 없다. 그러므로 의뢰받은 일에 잠깐 투자하는 시간은 5분 이내로 제한해두는 것이 좋다. 제한시간을 두지 않으면 자꾸 지연될 수 있으므로, 제한시간을 설정해 순발력과 집중력을 높이기 바란다.

'곧바로 행동하는 사람'은 타인의 의뢰에 대해서도 어떻게 하면 스스로에게 당사자 의식을 갖도록 할 것인가를 생각한다. 덕분에 그들은 상대방의 기대치를 다소나마 웃도는 결과를 도출해낼 수 있고, 신뢰를 얻을 수도 있기 때문에 선순환의 고리가 생성된다.

의뢰를 받아들인 순간 시작하는 것이 중요하다. 5분 이내에 할 수 있는 일을 찾아내어 '일단 시작하는 방법'이 큰 차이를 낳는다.

행동하는 습관을 가진 사람은 당사자 의식을 높이는 방법을 알고 있다.

행동하는 습관

귀가 후 가방을 정리하는 사람
가방 정리를 하지 않는 사람

직장이나 학교에서 집에 돌아오면, 여러분은 가방을 어떻게 하는 가? 여기서도 '곧바로 행동하는 사람'과 '곧바로 행동하지 못하는 사람'의 차이가 드러난다.

'곧바로 행동하는 사람'은 가방 속 물건들을 매일매일 정리하는 습관을 가지고 있다. 왜냐하면 할 일을 뒤로 미루는 원인 중 하나를, 제대로 정리되어 있지 않은 물건들에서 찾을 수 있기 때문이다.

대체로 사물이 정리되어 있지 않으면 머릿속도 정리되지 않은 상태라고 해도 과언이 아니다. 어디에 무엇이 있는지 파악하지 못해서 물건 찾는 데 많은 시간을 허비하는 사람이 적지 않다.

예컨대 서류를 다시 확인하기 위해 그것을 찾는 데 시간이 터무

니없이 많이 든다면 그 자체로 지쳐버리고 말 것이다. 사물을 찾는 일은 시간만 빼앗는 게 아니라 의욕과 에너지도 빼앗아간다. 요컨대 사물을 소유한다는 것은 곧 시간과 에너지를 빼앗긴다는 것을 의미한다. 물건이 증가할수록 그 물건을 관리해야 하는 시간과 에너지도 비례적으로 증가하기 때문이다.

기껏 "좋아, 시작하는 거야!"라고 다짐했는데 첫발을 내딛기까지 시간이 걸리면 "에잇, 내일 해야지 뭐" 하고 미루고 만다. 어디 그뿐인가, 서류를 꺼내려는 순간 문득 별개의 서류가 눈에 띈 바람에 원래 보려던 서류는 나 몰라라 제쳐두기도 한다. 청소를 하려다 우연히 꺼내든 앨범을 보느라 청소는 물 건너가버린 것과 마찬가지 원리다.

'곧바로 행동하는 사람'은 집에 돌아오면 매일 서류 등의 물건을 가방에서 꺼내 필요한 것은 어느 위치에 놓아둘 것인가를 정해두고 있다. 그렇게 함으로써 어디에 무엇이 있는지, 어떤 것이 필요하고 어떤 것이 필요 없는지를 매일 정리할 수 있기 때문에 머릿속도 말끔하게 정리된 상태를 유지할 수 있다.

그런가 하면 서류 또한 하루하루 쌓이는 양이 상당하다. 일단 가방에서 서류들을 꺼내 진짜 필요한 것과 그렇지 않은 것을 분류해서 후자는 과감하게 처리한다. 참고로 나는 서류를 3가지로 분류하는데, 거기에는 제각각 룰이 있다.

첫 번째는 지금 중요한 서류다. 이것은 정확히 폴더를 나눠서 정리보관한다. 내일 필요하면 내일 가지고 나갈 수 있도록 미리 준비해

둔다.

두 번째는 중요하지만 지금 당장 필요하지 않은 서류다. 이것은 스캔해서 컴퓨터 본체나 Dropbox나 evernote 같은 클라우드 서비스에 보관한다. 원본은 아주 중요한 것 빼고는 대부분 버린다.

세 번째는 별로 중요하지 않은 서류다. 혹시 나중에 필요하게 될지 모르겠다 싶은 서류는 스마트폰으로 사진을 찍어 보관한다. 원본은 물론 버린다.

이처럼 분류하기 위한 나만의 룰을 정해두고 정리하는 습관을 갖도록 하자. 그렇게 하면 필요할 때 필요한 것을 바로 찾아낼 수 있기 때문에 불필요한 걱정과 수고를 하지 않아도 된다. 당연히 스피드도 빨라진다. 곧바로 행동할 수밖에 없도록 하는 것이다.

사물을 소유하는 것은 모름지기 뇌에 큰 스트레스를 준다. 요즘처럼 온갖 정보와 물건이 넘쳐나는 시대일수록 소유하려 하지 않는 것이 좋다. 'Less is more'라는 말처럼 가급적 사물을 소유하지 않는 것이 여러분의 일상을 풍요롭게 하는 비결이다. 그러기 위해서는 정리하는 기준을 습관화해야 한다. 그중에서도 가장 중요한 것이 매일 가방을 정리하는 것이다.

가능하면 지갑을 정리하는 습관도 갖도록 하자. 여러분은 매일 지갑을 정리하고 있는가? 불필요한 영수증이나 쿠폰 등으로 지갑 속이 난장판이면 당연히 돈에 대한 감각도 둔해질 수밖에 없고, 그것은 곧 계획성 없는 낭비로 이어질 위험이 크다.

매일 밤 가방을 비우는 일은 마음과 머릿속을 정리하는 것과 같은 일이다. 지금 바로 가방 속을 정리해보자. 틀림없이 가방과 더불어 마음도 함께 가벼워질 것이다.

 행동하는 습관을 가진 사람은 신변의 물건들을 정리함으로써 두뇌에 여유를 만든다.

외부 저항을 반기는 사람
외부 저항에 무너지는 사람

여러분이 어떤 새로운 일을 시작하려 할 때, 큰 꿈과 기대를 가슴에 품는 것은 당연한 일이다. 그런데 이런 이야기를 들은 적은 없는가?

"그건 무리야!"

"잘될 리가 없지."

어떤 새로운 일이나 미지의 분야에 도전할 경우, 특히 부모님이나 친구 등 주변사람들로부터 부정적인 이야기를 많이 듣게 된다. 그런데 그 부정적인 말들은 '정말 그만두는 게 나을까?'라며 내 안의 행동력을 저하시키는 원인이 되기도 한다.

대부분의 사람은 새로운 분야에 도전하는 것을 좋아하지 않는다. '현상유지 바이어스'라는 것이 있다. 이는 매일 자신을 위험에 노출시켜가면서까지 도전 따위 하고 싶지 않다, 미지의 물체나 경험을 받아들이느니 차라리 현상을 유지하는 편이 더 좋다고 생각하는 심리 상태를 말한다. 즉 지금 이대로가 가장 좋다는 것이다.

하지만 잘 생각해보기 바란다. 여러분이 앞으로 도전하려는 일에 대해 부정적인 의견을 말한 사람은 그 일에 도전해본 적이 있는 사람인가? 아마도 도전해보지도 않고 그렇게 말했을 가능성이 높다. 해본 적이 없기 때문에 두렵고, 그래서 당연히 부정적일 수밖에 없다.

또 인생에서는 성공보다 실패가 더 많은 법이다. 여러분이 실패하면 그들은 "거 봐라!" 혹은 "내가 그만두라고 했지?"라고 말할 게 분명하다. '곧바로 행동하지 못하는 사람'이나 '금방 포기하는 사람'은 주변의 부정적인 의견을 들으면 그것만으로 행동을 그만두고 만다. 위험하다는 말 한 마디가 그들 안에서 점점 부풀어 오르기 때문이다.

반면 '곧바로 행동하는 사람'은 외부는 원래가 부정적인 존재라는 것을 알고 그들의 저항을 자신의 에너지로 전환시킬 줄 안다. 그러므로 비판을 환영한다. 비판을 필요불가결한 요소라고 생각하고 받아들인다. 그것은 그들이 비판의 본질을 이해하고 있기에 가능한 일이다.

다음은 미국의 건축가이자 예술가인 마야 린의 명언 중에 내가 가장 중요하게 생각하는 명언이다.

"To fly we have to have resistance."

(날기 위해서는 저항이 없으면 안 된다.)

비행기가 날아오르기 위해서는 저항이 필요하다. 역풍이 있기에 날아오를 수 있다. 여러분이 비판이라는 역풍을 느낀다면 날아오르기 위해 필요한 바람이 불고 있다는 의미다. 그러므로 '곧바로 행동하는 사람'은 비판에 굴하기는커녕 비판을 환영한다. 정말 하고자 하는 의욕이 있는가 없는가를 시험하기도 하고, 지금까지 깨닫지 못한 것을 깨닫게도 해주는 소중한 존재라며 고맙게 받아들인다.

나도 한때는 주변의 부정적인 소리에 동요되어 계획했던 일들을 간단히 포기한 적이 있었다. 하지만 지금은 스스로 의사결정을 하고 자기책임하에 행동한다. 설사 일이 잘 안되더라도 실패는 성공을 위해 없어서는 안 될 양념 같은 존재라 여기고 결과를 순순히 받아들인다. 그때부터 행동을 앞두고 망설이는 일은 훨씬 줄어들었다. 주변 사람들이 어떻게 생각하는가가 아니라 내가 어떻게 하고 싶은가에 나를 맡기는 것이다.

변화를 두려워하지 않는 사람은 없다. 하지만 주변의 비판과 반대를 두려워해서는 아무것도 할 수 없다. 설령 비판과 반대가 있더라도 자기 마음의 소리에 귀를 기울이고 그 길을 가도록 하자. 그리고 주변에서 불어오는 역풍을 온몸으로 받아 에너지로 바꾸도록 하자.

 행동하는 습관을 가진 사람은 주변의 비판을 성장의 양식으로 삼는다.

3장

행동하는 습관을 가진 사람은

영향력이 있다

타인에게 웃음을 주는 사람
정론을 강요하는 사람

'곧바로 행동하는 사람'은 타인을 즐겁게 하는 것을 좋아하는 엔터테이너다. 물론 개그맨이나 연예인을 말하는 것이 아니다. '곧바로 행동하는 사람'은 직종이나 연령에 관계없이 일단 남이 기뻐하고 좋아하는 것에 대한 센서가 발달해서 항상 안테나를 쫑긋 세우고 있다.

경영컨설턴트 고미야 가즈요시는 '허리는 낮게 안테나는 높게'라는 말을 곧잘하는데, '곧바로 행동하는 사람'이야말로 이 말을 몸소 실천하는 사람들이다. 그중에서도 특히 다른 사람이 기뻐하는 일을 감지하는 안테나가 높고 곧게 뻗어 있다. 그러므로 '곧바로 행동하는 사람'은 주시하는 시점이 절묘하다. 상대방을 즐겁게 하는 데 기쁨을 느낀다는 것은 상대방의 시점을 중시하기 때문이다.

유니버설 스튜디오 재팬^USJ을 회생시킨 모리오카 츠요시는 '고객이 좋아하는 것'과 '생산자가 고객이 좋아할 거라고 예상하는 것'이 반드시 일치하진 않는다고 말한다. 그러한 깨달음 자체가 USJ의 V자 회복을 이끌어낸 열쇠가 되었다.

나는 마이클 잭슨의 전속 안무가이자 〈This is it〉의 감독이기도 하고, 레이디 가가와 비욘세 등의 안무와 무대연출을 담당해온 트래비스 페인의 이벤트에서 MC 겸 통역을 맡은 적이 있다. 페인이 회장에 도착한 순간부터 그의 대단함을 알 수 있었다. 무엇보다 사람을 즐겁게 하기 위한 센서가 예리했다.

그가 회장에 도착하자마자 던진 첫마디 "무대는 어디죠?"부터 "그렇다면 이 조명은 필요 없어요" "이것은 저~쪽으로 옮겨주세요" "모든 건 고객이 어떻게 느끼는가 입니다" 등 그의 말들은 모두 고객의 시점을 기준으로 하고 있었다. 거기에 예외란 없었다. 요점은 시점을 어디에 두느냐. 상대방이 어떤 시점으로 사물을 보고 있느냐를 그때그때 판단하는 센서를 풀가동해야 한다.

모든 것이 엔터테인먼트다. '곧바로 행동하는 사람'은 엔터테이너다. 사람을 기쁘게 하고 즐겁게 하는 것을 진심으로 즐긴다. 그렇기 때문에 존경받고 사랑받는 것이다.

반면 '곧바로 행동하지 못하는 사람'은 정론을 내세우고 싶어 한다. '내 말이 옳으니까 너희가 내 말에 유연하게 대응하라'고 고집한다. 정론은 올바른 것을 의미할지 모르지만, 인간은 감정의 동물이라는 점을 잊어서는 안 된다. 로봇이라면 정론으로 통할지 모르지만, 인간은 로봇이 아니지 않은가.

'곧바로 행동하는 사람'들의 공통점은 사람을 움직이게 하고 사람을 끌어들이는 기술이 훌륭하다는 것이다. 쉽게 말해 사람을 잘 다룰 줄 안다. 그러므로 자기가 생각하는 정론을 강요하지 않고 대신 상대방의 시점에 안테나를 맞춘다.

고대 그리스의 철학자 에픽테토스는 "신은 인간에게 하나의 혀와 두 개의 귀를 주셨다. 말은 적게 하고 그 2배를 들으라는 의미다"라고 말했다. 사람을 기쁘게 하는 사람들의 공통점은 다른 사람의 말에 진지하게 귀를 기울인다. 다른 사람의 이야기를 진지하게 듣는 것은 신뢰관계를 구축하기 위한 최고의 방법이다. 하지만 그들이 상대의 말에 귀를 기울이는 것은 이야기를 귀담아 듣는 것이 상대방을 존중하는 것이며 기쁘게 하는 방법이기 때문일 것이다. 사람을 기쁘게 하는 것은 듣는 것에서 시작되는 것인지 모른다.

'하루에 한 가지 선행'이라는 말이 있는데, 하루에 한 번 다른 누군가를 기쁘게 하는 '하루 한 가지 기쁨'을 목표로 하루를 시작하는 것도 좋지 않을까. 사람과의 관계가 활성화되기 시작하고 행동하는 것이 기뻐서 어쩔 줄 모르게 될 것이다.

 행동하는 습관을 가진 사람은 주변 사람을 기쁘게 하는 일에 마음을 쓴다.

상대에게 3가지 선택지를 주는 사람
자유로운 선택지를 주는 사람

어떤 일을 추진할 때 자신의 의지력에만 의존하면 일이 좀처럼 진척되지 않는 경우가 많다. 편한 길이 있다면 편한 길을 선택하고 싶은 것이 어쩌면 인간으로서 자연스러운 일이다. 그렇기 때문에 주변 사람을 끌어들임으로써 행동력을 높일 수 있다.

하지만 주변 사람을 끌어들일 때 어떤 식으로 행동하는가는 '곧바로 행동하는 사람'이냐 '곧바로 행동하지 못하는 사람'이냐에 따라 크게 달라진다. '곧바로 행동하는 사람'은 부탁을 할 때 막연하게 하지 않는다. 막연한 부탁은 상대방을 곤란하게 한다는 사실을 알고 있기 때문이다. 가령 상담할 일이 있어 약속을 잡을 때, 여러분은 일정 조정을 어떻게 하는가? 시간이 지나 자연히 소멸되어버리진 않는가?

'곧바로 행동하는 사람'은 3가지 선택지를 상대방에게 제시한다. "3월 15일, 18일, 23일 중 언제 시간이 괜찮으실까요?"라고 상대방의 일정을 묻는다. "그럼 3월 15일이 어떨까요?"라는 대답이 돌아올 수도 있고 다 안 된다는 대답이 돌아올 수도 있다. 다만 3가지 선택지의 제안은 상대방의 행동을 재촉하는 효과를 발휘해 "24일이라면 시간이 되는데, 어떠세요?"라는 대안이 제시될 가능성이 높아진다. 다시 말해 선택지를 좁혀서 제안함으로써 약속 잡을 확률이 높아진다는 것이다.

'곧바로 행동하지 못하는 사람'은 약속을 잡을 때 "언제가 좋으세요?"라거나 "다음에 시간이 되면 한번 만나주시겠어요?"와 같이 막연한 질문을 상대방에게 던진다. 그러면 상대방은 무한한 선택지를 제시받은 셈이 된다. 예를 들어 "6월 중에는 언제가 좋으세요?"라는 질문에는 30가지의 선택지가 주어진다. 30가지 선택지를 제시받은 사람은 뭘 선택해야 할지 난감할 수밖에 없고, 결국 행동을 일으키기 어렵다.

심리학자 배리 슈워츠는 《선택의 패러독스》에서 다수의 선택지는 무력감으로 이어진다고 강조한다. 또 콜롬비아대학 MBA의 쉬나 아이엔가 교수가 발표한 연구에 따르면, 24종류의 잼을 파는 가게와 6종류의 잼을 파는 가게 중 전자는 후자의 10분의 1 매출밖에 올리지 못한다고 한다. 선택지가 많으면 상대방에게 선택의 자유를 줄 수는 있지만, 한편으로는 상대방을 선택하고 행동하기 어려운 상황으로 몰아넣을 위험이 있다.

그렇다고 단 한 가지 제안을 밀어붙이거나 선택지를 달랑 두 가지로 단축시켜버리면 상대방은 반대로 자유를 빼앗긴 기분이 들어 저항감을 갖게 된다. 확실히 약속을 잡고 싶다면 상대방에게 자유선택식의 질문이 아닌 3가지 정도의 선택지를 정해서 질문하라. 상대방은 선택지가 좁혀져 있는 만큼 대답을 검토하기 쉽고 어떤 식으로든 행동할 모티베이션도 올라간다.

'곧바로 행동하는 사람'은 이러한 사실을 잘 알고 있기 때문에 상대방에게 A안, B안, C안을 제시한다. 그로써 상대방의 행동을 유도하고 그를 자신의 일에 끌어들인다. 주변 사람을 끌어들일 수 있다면 여러분도 행동하지 않을 수 없게 된다. 끌어들이는 기술은 행동력을 높여준다.

행동하는 습관을 가진 사람은 선택식 질문으로 주변 사람을 끌어들인다.

질문에 긍정적이 되는 사람
질문에 의욕을 상실하는 사람

"만일 내가 죽게 되었는데 살 방법을 생각할 시간이 1시간 주어진다면, 55분은 적절한 질문을 찾는 데 낭비할 것이다."

이것은 아인슈타인의 말이다. 월트 디즈니도 질문의 프로였다. 한쪽 벽 가득히 프로젝트를 붙여놓고 "어떻게 하면 프로젝트가 더 좋아질까?"라는 질문에 대한 답을 전체 직원에게 적어 내도록 함으로써 사원의 능력을 끌어냈다고 한다.

동서고금의 성공자는 물론이고 '곧바로 행동하는 사람'은 좋은 질문은 사람을 움직이게 하고 나쁜 질문은 사람에게서 행동을 빼앗고 만다는 사실을 알고 있다.

"왜 같은 설명을 몇 번이나 해도 못 알아듣니?" "넌 왜 항상 시간이 그렇게 오래 걸려?" "왜 알아서 척척 못해?" 같은 말을 들으면 어떨까? 어떻게든 해보려던 마음조차 사라지지 않을까? 이런 식의 비난조의 질문은 상대방의 의욕과 행동력을 송두리째 빼앗고 만다. 그리고 자신에 대해서도 "왜 이렇게 ○○하지?" 하고 자책과도 같은 자문을 해서는, 긍정적으로 생각하거나 행동하기란 거의 어렵다고 봐야 한다.

"어떻게 하면 ○○할 수 있을까?"라는 질문으로 바꿔보면 어떨까? 그것만으로도 사고가 긍정적이 되고 행동력이 향상된다. 질문이란 두뇌에 보내는 스위치다. 질문을 바꿈으로써 의식의 초점이 달라진다. 질문은 감정에 영향을 미치므로 부정적인 면에 초점을 맞춘 질문을 반복하면 기분이 우울해지고 만다. 반면 긍정적인 질문을 반복하면 감정도 긍정적으로 전환되고 뇌 또한 활성화된다.

'곧바로 행동하지 못하는 사람'은 언제나 부정적인 질문을 반복하며 자신을 책망한다. 질문으로 자기 자신을 몰아세우는 습관이 무의식에 내재되어 있기 때문이다. 그리고 타인에 대해서도 부정적인 질문을 하는 경향이 있으므로 상대방의 마음을 사로잡기가 어려워지는 것이다.

한편 '곧바로 행동하는 사람'은 좋은 질문으로 자신을 움직이게 한다. 좋은 질문이란 자신이 할 수 있는 일은 무엇일까에 의식을 집중시킨 질문을 말한다. 바꿔 말하면 자신이 변화될 수 있는 것에만 집중한다는 의미다. 특히 타인을 바꾸려고 하기보다 자신을 바꾸는 편이 훨씬 쉽다고 생각한다.

예컨대 시간을 엄수하려는 경향이 강한 사람은 10시에 만나기로 했으면 5~10분 전에는 약속 장소에 도착한다. 그에 비하면 시간에 엄격하지 않은 사람은 "약속이 10시니까 10시 15분쯤 가면 되겠군!" 하고 생각한다.

처음에는 "왜 그렇게 시간을 안 지키느냐?"고 한탄도 해봤지만 아무리 그래도 상황은 바뀌지 않았다. 그래서 "어떻게 하면 약속시간대로 일정을 추진할 수 있을까?"라고 질문을 바꿔보았다. 그 결과 10시에 만나야 한다면 약속을 9시 45분으로 잡으면 된다는 결론을 얻었다. 그 사람의 가치관을 원망할 것이 아니라 그것을 감안한 상태에서 "내가 할 수 있는 일은 뭘까?"로 질문의 초점을 바꿔 계획대로 일을 추진할 수 있게 된다. 그렇게 함으로써 감정이나 기분 상하는 일 없이 자기 할 일에 집중할 수 있다.

'곧바로 행동하는 사람'은 타인에게도 좋은 질문을 던진다. 긍정적인 좋은 질문으로 상대방의 마음에 찰칵 스위치를 켜고 일을 순탄하게 진행시킨다.

같은 상황이라도 질문 하나로 우리의 기분은 크게 달라진다. 기분이 내키지 않을 때, 사고는 정지되고 행동력은 저하된다. 반대로 기분이 좋을 때는 뇌도 오픈 상태가 되고 매사가 긍정적으로 흘러간다. 이처럼 질문은 여러분에게 힘을 주기도 하고 빼앗기도 한다.

행동하는 습관을 가진 사람은 긍정적인 질문으로 상황을 호전시킨다.

라이벌을 응원하는 사람
라이벌의 실패를 기뻐하는 사람

여러분에게도 라이벌이 있는가? 업무에서뿐만 아니라 사적인 일에서도 라이벌이 등장하면 기분이 나쁘고 걱정되지 않는가? 누구에게나 라이벌의 존재는 부담이 될 수밖에 없는데, 라이벌이 출현했을 때의 대처법을 보면 크게 환영하거나 물리치거나의 2가지로 나눌 수 있다.

'곧바로 행동하는 사람'은 라이벌의 존재를 환영하고 그를 응원한다. 반면 '곧바로 행동하지 못하는 사람'은 라이벌을 환영하기는커녕 어떻게든 제거하려고 하고 그의 실패를 기뻐한다.

'곧바로 행동하는 사람'은 라이벌을 필요한 존재라고 생각하고, 그것이 '나를 더 향상시킬 거야' 하고 모티베이션으로 작용한다고

행동하는 습관

생각한다. 라이벌이 모티베이션에 영향을 미치는가에 대한 연구는 1898년으로 거슬러 올라가는데, 미국의 사회심리학자 노먼 트리플렛의 실험에서 자전거 경기의 선수는 라이벌이 있을 때 기록이 더 좋아진다는 연구결과가 나왔다. 또 뉴욕대학의 연구자들은 6년이라는 시간을 들여 3~21킬로미터 장거리달리기 선수들을 연구했는데, 라이벌이 있을 때 선수들의 기록이 점점 좋아진다는 결론을 얻었다. 그들은 라이벌이 있다는 것은 미래를 위한 모티베이션이 된다고 말한다.

어느 실험에서는 317명의 피실험자에게 온라인으로 경쟁에 대한 설문조사에 답해줄 것을 요청했다. 그중 절반은 라이벌이 있는 경쟁을 상정하고 그때의 상황을 떠올리게 하였고, 나머지 절반에게는 라이벌이 없는 단순한 경쟁을 떠올리라고 제안했다. 그랬더니 라이벌이 있는 경쟁을 떠올린 그룹이 라이벌이 없는 그룹보다 더 강한 모티베이션을 느끼고 보다 나은 성과를 얻을 수 있었다고 보고했다.

하지만 라이벌을 갖는다는 것은 비윤리적인 행동의 원인이 될 가능성도 있다. 상대방을 괴롭히기도 하고 험담이나 나쁜 소문을 퍼트리는 등 라이벌 흠집내기로 그를 물리치려고 한다. 이것은 '곧바로 행동하지 못하는 사람'의 전형적인 패턴이다. 하지만 무엇보다 우선해야 할 일은 상대방 괴롭히기도 아니고 험담하기도 아니다. 라이벌과 같은 경기장에서 자신이 할 수 있는 최선을 다하는 것이 정답이다.

뉴욕대학의 가빈 킬다프 준교수는 라이벌과의 관계성이 경쟁 내에서의 행동을 결정하는 중요한 요인이 된다고 말한다. 모르는 사람보다는 친구가 경쟁자일 경우 모티베이션에 플러스 작용을 한다는 사실도 연구를 통해 밝혀졌다. 즉 라이벌과 좋은 관계를 구축하고 서로의 마음에 불을 지피면 서로에게 좋은 행동을 촉구한다.

　　돌이켜보면 나도 고등학생 시절, 성적이 좋아지기 시작했을 때는 라이벌이 있었다. 여러 명의 친구들과 시험성적을 비교하게 되면서부터 성적의 성장폭이 훨씬 컸던 것으로 기억한다. 상대방을 떨쳐내려는 것이 아니라 그 사람의 성적을 추월하기 위해서 나 자신과 맞서는 것이다. 상대방의 성적이 어떻게 될지는 아무도 모른다. 그것은 내 영역 밖의 문제다. 다만 자기 자신이 할 수 있는 일을 최선을 다해 할 뿐이고, 그것이 플러스 모티베이션을 낳는다.

　　다시 말해 라이벌과 우호관계를 쌓는 것이 모티베이션에 좋은 영향을 미치고 퍼포먼스의 질 또한 향상시킨다. 그래서 '행동하는 습관을 가진 사람'은 라이벌과 우호관계를 맺으려고 한다. 라이벌을 응원함으로써 자신을 더 높이 향상시킬 수 있기 때문이며, 좀 더 노력해 적극적이고 긍정적이 될 수 있다는 사실을 알기 때문이다.

　　사람은 타인으로부터 큰 영향을 받는다. 심리학자 알프레드 아들러는 "인간의 고민은 모두 대인관계에서 오는 고민이다"라고 단언하는데, 그 정도로 타인과의 관계는 일상에서 떼려야 뗄 수 없는 것이다.

　　라이벌의 출현은 자신을 갈고닦을 환경을 여러분에게 제공해준

다. 그 존재를 에너지로 바꿈으로써 보다 적극적으로 행동에 나설
수 있게 된다.

 행동하는 습관을 가진 사람은 라이벌과 서로 절차탁마할 수
있는 관계를 만든다.

스스로 기한을 정하는 사람
기한을 지키지 않는 사람

  기한을 지키는 일은 비즈니스에서뿐만 아니라 사적인 일에서도 타인과의 신뢰관계를 유지하기 위한 불가결한 요소다. 상대방의 기대치를 웃돌 수 있다면 그것은 곧 감동이 된다. 그러므로 '곧바로 행동하는 사람'은 지시나 의뢰를 받았을 때 출발부터가 빠르다. 그들은 일의 기한을 제시된 대로 두지 않고 스스로 재설정하는 것부터 시작한다.

  기한이 임박한 의뢰의 경우에는 시간에 대한 긴박감을 어느 정도 갖게 마련이다. 하지만 그렇지 않을 경우, 즉 기한이 많이 남은 경우에는 '언젠가 하면 되겠지'라는 생각을 갖기 쉽다. '해야 한다'는 사실은 누구나 알고 있지만 서둘러 척척 하느냐 안 하느냐에 따

행동하는 습관

라 큰 차이가 난다. 시간이 남아돌기 때문에 시간이 부족해지는 것이다.

　제한시간을 의식하고 일을 추진할 때와 시간에 대한 의식 없이 일할 때는 집중력의 강도가 달라진다. 한정된 시간밖에 없을 경우, 우리는 그 시간 안에 할 수 있는 일을 진지하게 취사선택하려고 한다. 반대로 제한시간이라는 강제성이 없는 가운데 자신의 의지로 어떻게든 하려고 하면, 좀처럼 생각대로 풀리지 않는 것이 인간이다.

　여기서 잠깐 여름방학 숙제를 떠올려보자. 여러분은 언제 방학 숙제를 했는가? 여유를 가지고 모든 숙제를 마쳤는가? 아니면 방학이 끝나갈 무렵에 "헉! 벌써 개학이야?"라며 단번에 끝내려고 허둥댔는가?

　카운트다운에 들어가서야 비로소 행동하는 사람이 적지 않을 것이다. "시간도 없는데 텔레비전을 어떻게 봐?" "SNS로 수다 떨고 있을 시간 없어!"라는 초조함이 지배적이라 더는 유혹에 넘어가지 않는다.

　반면 시간이 충분하다고 착각하고 있으면 우리에게 주어지는 선택지는 점점 많아진다. "할까?" "하지 말까?" "내일 하면 되지 않을까?" 등 일일이 결정을 내려야 할 기회가 많아질수록 고민도 많아지고 행동력은 떨어지고 만다.

　'곧바로 행동하는 사람'들이 기한이나 마감일을 스스로 설정하는 것은, 타인에 의해서가 아닌 자기 의사로 움직이는 시간을 늘림으로써 주체성을 가질 수 있다는 사실을 알기 때문이다. 즉 실이 팽팽하게 당겨졌을 때처럼 아슬아슬함이 느껴질 정도로 기한을 설정해 시간의 강제력을 유효하게 활용함으로써 순발력을 높일 수 있다. 그렇게 함으로써 최초의 첫걸음이 빨라지고, 첫걸음이 빠르면 그 다음단계의 진행도 순조롭다. 첫걸음이 지연되면 될수록 일의 전체 진행은 요원해질 수밖에 없다.

나는 요즘 들어 책을 집필할 기회가 많아졌는데, 의뢰받은 마감일이 아니라 그보다 빠른 날을 나의 마감일로 재설정하고 있다. 200페이지짜리 책을 당연한 말이지만 단 하루 만에 집필할 수는 없다. 시간이 걸린다.

50가지 항목으로 구성된 이 책의 경우, '1주일에 5가지 항목'으로 정해두고 10주에 걸쳐 완성할 것을 목표로 삼았다. 시간이 없기 때문에 최대한 낭비를 줄이려고 애쓴다. 가령 마감일이 3개월 후(12주 후)라고 해도 10주 안에 완성하기로 정해두면 남은 2주간은 내용을 정리하고 교정하는 데 사용할 수 있다. 혹시 그보다 일찍 끝낼 수 있다면 그것대로 또 좋은 일이다.

하루 단위로 목표를 정해두면 실천하기 어려울 때도 있을 수 있다. 그때를 대비해서 1주일 단위로 목표량을 정해 스스로 마감일을 설정하면 주 단위의 스케줄에도 구체적으로 반영할 수 있다. 그렇게 하면 매일의 시간 사용이 강제성을 갖게 된다.

계획대로 안되는 것이 계획이다. 온갖 트러블이 발생할 위험이 항상 도사리고 있다. 하지만 기한을 앞당겨 설정함으로써 만일의 경

행동하는 습관

우에 대처할 수 있다. 시간의 강제성을 활용하면서 빠르고 정확한 일처리를 해나가도록 하자.

 행동하는 습관을 가진 사람은 스스로 기한을 정한다.

타인에게 배우는 사람
자기 방식을 고집하는 사람

"아버지가 미곡선물거래에 손을 댔다가 실패했다. 10인 가족은 돌연 평온한 생활을 잃고 고향을 떠나지 않으면 안 되었다. 초등학교도 3년 반 정도 다니다 더는 다니지 못하게 되었다."

이는 파나소식의 창시자 마쓰시타 고노스케의 실화다. 여러분이 만일 같은 처지였다면 인생을 포기하고 싶어지지 않을까? 나라면 틀림없이 포기하고 말았을 것이다. 그런데 마쓰시타 고노스케는 자신이 성공한 요인의 하나로 학교에 가지 못했던 것을 꼽았다. 학교를 나오지 않은 그는 당연히 모르는 것투성이였다. 그러니 당연히 다른 사람에게 물어볼 수밖에 없다고 생각했다. 타인에게 솔직하게 질문하고 지식과 지혜를 끊임없이 배우고 익힘으로써 큰 성공을 거둘 수

행동하는 습관

있었다. 그래서 그는 남들처럼 배울 수 있는 환경을 갖지 못한 것을 성공의 요인으로 꼽는다.

'곧바로 행동하는 사람'은 타인에게 배운다. 남으로부터 솔직하게 배운다. 나이, 국적 상관하지 않는다. 호기심이 왕성하기 때문에 솔직하게 "가르쳐주세요!"라고 말할 수 있다. 물론 인터넷은 편리하고 의문점에 대한 해답을 한 순간에 찾을 수 있을지 모른다. 하지만 동시에 무엇이 옳고 무엇이 그른지도 모를 만큼 정보가 넘쳐난다.

내가 헬스장에 다니는 이유 중 하나는 복부의 군살을 빼기 위해서다. 인터넷에서 검색하면 수많은 정보가 나온다. 하지만 뭐가 맞는 답인지 알 수 없어 결국 트레이너를 찾아가 내 복부비만 상태를 말하고 어떻게 하면 좋을지 솔직하게 물어보았다. 인바디 측정기라는 것이 있어 체내를 구성하는 기본성분을 분석했더니, 역시 수치상으로도 복부비만임이 확실했다. 그것을 해결하기 위해서는 유산소운동과 근육트레이닝의 병행이 중요하다고 했다. 하지만 그것만으로는 충분하지 않았다. 그래서 어떤 머신으로 유산소운동을 해야 지방의 연소가 빠르고, 어디를 어느 정도의 부하로 단련해야 근육이 생기는지에 대해 배웠다. 그랬더니 그때까지와는 달리 복근에 부하가 더해지면서 힘들긴 했지만 확실히 복부의 지방들이 줄어들기 시작했다.

'곧바로 행동하는 사람'은 배우기를 잘 한다. 그런데 배우는 것이 서툰 사람은 질문은 잘하는 데 반해 실천하지 않는다. 나는 다수의 기업과 대학 등을 다니며 교육할 기회가 많은데, '성장하는 사람'과

'그렇지 못한 사람'의 차이 또한 여기에 있다고 생각한다.

성장하는 사람은 충고해주면 바로 시도해본다. 일단 실천해보는 것이다. 덕분에 다음에 만났을 때는 어떤 식으로든 반응이 있다. "충고대로 해봤더니 잘되던걸요!"라는 경우가 있는가 하면, "충고대로 해봤는데, 아직 잘 안 돼요"라는 반응이 돌아올 때도 있다. 하지만 어떤 반응이건 충고한 측에서 보면 자신의 충고를 순순히 실행해본 사람을 더 도와주고 싶어진다. 그가 더 성장할 수 있길 바란다. 잘 안 됐다면 어디서 어떤 것이 잘못 되었는지 함께 고민하고 다음엔 꼭 성공하길 바란다.

하지만 충고를 부탁하고도 실천하지 않는 사람이나 자기 방식을 끝까지 고집하는 사람에 대해서는 "충고해줘 봐야 어차피 해보지도 않는데 충고할 필요가 있겠어?"라는 생각이 들게 마련이다. 아니나 다를까 자기 방식만 고집하는 사람은 성장하지 못한다.

'곧바로 행동하는 사람'은 다른 사람에게 인기도 좋다. 더 가르쳐주고 싶어지는 사람이다. 사람들은 저마다 환경도, 전공도, 경험도, 사고방식도 다르다. 그러므로 자기에게 없는 것을 가지고 있는 사람에게 솔직하게 질문하고 배우려는 마음을 가짐으로써 자신을 연마하는 속도를 높일 수 있다.

 행동하는 습관을 가진 사람은 충고를 받아들이고 일단 충고대로 실천해본다.

행동하는 습관

먼저 인사를 건네는 사람
상대의 인사를 기다리는 사람

비즈니스 현장에서 처음 만나는 사람에게 인사를 건네거나 명함을 교환하거나 하는데, 이때 '곧바로 행동하는 사람'과 '곧바로 행동하지 못하는 사람'의 차이가 확연히 드러난다.

처음 누군가를 만났을 때, 상대방에 대한 첫인상이 얼마나 빨리 정해지는지 아는가? 일반적으로 15초라고 하는데, 빠를 때는 3초 정도에 그에 대한 인상이 결정되는 경우도 있다.

첫인상으로 형태가 만들어지는 사고를 심리학에서는 '초두효과'라고 부른다. 처음 인사를 나눌 정도의 시간에 첫인상이 정해진다니 놀랍지 않은가?

게다가 먼저 움직이는 사람이 더 긍정적인 인상을 준다고 한다.

물론 처음부터 너무 강하게 자신을 어필하면 상대방에게 심리적 장벽을 만드는 역효과를 낼 수 있으므로 무조건 먼저 행동한다고 다 좋은 것은 아니다.

하지만 인사나 명함 교환에서는 먼저 행동함으로써 긍정적인 인상을 심어줄 수 있다. 특히 비즈니스의 경우에는 인간관계 안에서 새로운 일이 성사되는 경우가 많다.

먼저 움직이는 만큼 상대방과의 관계에서 주도권을 가질 가능성이 높아진다. 주도권이라는 말이 자칫 밀당을 연상케 할지 모르지만, 보다 편안하게 자기 페이스대로 상대방과의 관계를 구축해갈 수 있다는 말이다.

그러므로 '곧바로 행동하는 사람'은 초면인 사람에 대해서도 자기가 솔선해서 행동한다. 반면 '곧바로 행동하지 못하는 사람'은 상대방이 말을 걸어올 때를 기다린다. 그래서는 상대방에게 긍정적인 인상보다는 '수동적인 사람이라는 인상'을 줄 가능성이 높아진다.

소극적인 성격 탓에 나도 한때는 처음 만나는 사람에게 먼저 다가가 인사하는 것을 꺼리곤 했었다. 하지만 성과를 내는 사람을 관찰한 결과 빠짐없이 먼저 가서 인사하거나 명함을 건넨다는 사실을 알았다.

그 후로는 나도 적극적으로 행동하려고 애썼고, 아니나 다를까 상대방과의 관계 구축이 훨씬 순조로워졌다. 또한 소극적인 성격인 만큼 내 쪽에서 먼저 행동함으로써 오히려 심리적 부담이 덜어진다는 사실도 알게 되었다.

한편 '곧바로 행동하지 못하는 사람'은 자기가 상대방에게 정보를 주기보다는 일방적으로 캐내기만 하는 사람이 될 가능성이 있다. 다시 말해 상대방에게 질문 공세를 퍼부음으로써 '왜 처음 만난 사람에게 미주알고주알 캐묻는 거지?'라는 경계심을 갖게 할 수 있다. 하지만 '곧바로 행동하는 사람'은 자기가 먼저 상대방에게 정보를 준다. 자기를 오픈함에 있어서도 선수를 치는 것이다.

'반보성의 법칙'이라는 말이 있는데, 사람은 누군가에게 뭔가를 받으면 그만큼 보답하고 싶어 하는 심리를 의미한다. 친구가 여행에서 선물을 사다주면 다음에 자신도 여행을 갔을 때 그 친구에게 선물을 사다주고 싶어진다. 받기만 하면 마음이 불편하다는 사람도 있을 것이다.

이와 마찬가지로 앞서서 자신에 대한 정보를 개시함으로써 상대방의 경계심을 풀고, 그로써 자연히 상대방의 이야기를 끌어내는 것이다. 개인적인 이야기를 듣고 싶다면 자기 이야기를 먼저 풀어내는 것이 중요하다.

예를 들어 앞뒤 없이 "취미는 뭐예요?"라고 묻기보다는 "최근에 헬스장에 다니기 시작했는데, 업무 때문에 받은 스트레스가 확 풀린다니까요! ○○씨는 취미 같은 거 혹시 있어요?"라고 묻는 편이 상대방의 대답을 이끌어내기 훨씬 쉬워진다.

대화를 나눌 때도 우물쭈물하다가는 절호의 기회를 놓치기 쉽다. 그러므로 '곧바로 행동하는 사람'은 자신이 먼저 행동한다.

초면인 사람에게도 자기가 먼저 인사하고, 상대방의 정보를 알고 싶으면 먼저 내 정보를 나눠줌으로써 순조로운 인간관계를 쌓을 수 있도록 유도한다.

 행동하는 습관을 가진 사람은 초면인 사람에게도 먼저 다가가 말을 건넨다.

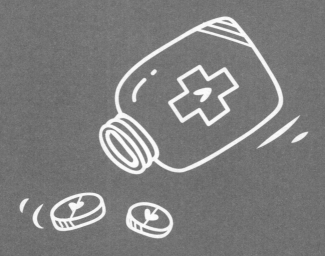

4장

행동하는 습관을 가진 사람의
감정 관리는 다르다

감정을 잘 토로하는 사람
감정을 담아두는 사람

사람은 매일 온갖 사건 속에서 희로애락을 느낀다. 시간 가는 줄도 모르고 뭔가에 열중하기도 하고, 기쁘고 즐거운 감정을 느낄 때는 가슴이 두근두근 설레면서 행동력도 자연스럽게 고양된다. 그런가 하면 스트레스가 쌓여서 안절부절못하기도 하고, 어떤 일로 우울해져 어깨가 축 처져 있기도 하고, 슬픔과 분노로 감정 컨트롤이 안 되어 생각지도 못한 행동을 하거나 무력감에 빠질 때도 있다.

이처럼 행동력과 감정은 떼려야 뗄 수 없는 관계에 있다. 우리의 일상적인 행동은 감정이 아닌 이성에 의해 이뤄진다고 생각하지만, 실제로는 사고와 연결된 감정이나 감각에 지배되는 경우가 대부분이다.

무엇보다 중요한 것은 인간은 감정의 동물이라는 사실을 받아들이는 것이다. 감정에는 플러스와 마이너스가 있는데, 분노나 슬픔이라고 해서 반드시 마이너스로 작용하는 것은 아니다.

"갚아주고 말겠어!"

"이번에야말로 성과를 내고야 말겠어!"

이 같은 분노의 감정은 목표를 달성하기 위한 행동을 촉구하고, 슬픔은 때로는 냉정한 행동을 하도록 도와주기도 한다. 다만 불안이나 분노의 감정이 지나치게 강하면 행동을 일으키는 힘이 되기보다는 좌절과 공포심을 야기해 행동의 방해요인으로 작용하는 경우가 많다.

감정에 지배당해 있는 상태는 무기력감을 낳기 때문에 행동력을 저하시킨다. 감정조절을 잘하는 사람은 감정에 휘둘리는 일이 적다. '곧바로 행동하는 사람'은 '곧바로 행동하지 못하는 사람'에 비해 감정조절능력이 뛰어나다. '곧바로 행동하는 사람'은 자신의 감정을 잘 조절하고 마음이 안정되어 있다. '곧바로 행동하는 사람'이나 '성과를 내는 사람'은 감정이 불안정해지는 상황이 벌어졌을 때도 집중력을 잃지 않고 적절한 행동을 취할 수 있다.

물론 일신상에 어떤 일이 벌어질지까지 컨트롤할 수 있는 경우는 그리 많지 않다. 가령 상대방을 위해서 한다고 한 행동에 상대방은 공격적인 반응을 보일 수도 있고, 은혜를 원수로 갚는다는 식의 의외의 사건이 생길 수도 있다.

감정은 억누르려 할수록 그 기세가 더 강해진다. 감정을 컨트롤하기 위한 최적의 방법은 감정을 있는 그대로 받아들이는 것이다. 자신의 솔직한 기분이나 감정을 누군가에게 전달한다. 감정을 담아두지 않고 토로하는 습관을 기르자. 감정이 쌓이고 쌓여서 폭발하기 전에 사소한 감정이라도 담아두지 않고 반드시 표현하는 구조를 갖추는 것이 좋다.

감정을 머릿속으로 정리하려고 해도 좀처럼 되지 않는다. 그보다는 그때그때의 느낌을 종이에 적어보는 것이 효과적이다. 자신의 모습을 직접 보지 못하고 거울을 통해 자신의 외모를 확인하듯이, 머릿속에 맴도는 아리송한 감정을 종이에 적어봄으로써 다소 거리를 두고 자신의 감정을 직시할 수 있게 된다. 수기로 쓰는 것이 가장 효과가 높다고 하지만, 가령 트위터 같은 곳에 자기에게만 공개되는 '감정리셋어카운트'를 만들어보는 것도 좋은 방법이다.

중요한 것은 느낌을 하나둘 자기 안에서 끄집어내는 것이다. 사소한 감정이라도 놓치지 않고 언어화함으로써 마음에 큰 여유를 줄 수 있다.

행동하는 습관을 가진 사람은 사소한 감정이라도 바로
표현하는 구조를 가지고 있다.

일요일 저녁에 의욕을 끌어올리는 사람
월요병에 걸리는 사람

"타석에 나가기 전 가볍게 굽혔다 펴기를 하고 타석에 서면 방망이를 반 바퀴 휘두른 후에 중앙을 향해 수직으로 선다. 그리고 유니폼의 오른쪽 소매를 걷어 올리는가 싶다가 또다시 방망이를 반 바퀴 회전시킨 후 정면을 노려본다."

이상은 이치로 선수가 타석에 나갈 때 항상 하는 동작이다. 이처럼 집중력을 높이고 기합을 넣기 위한 의식을 행함으로써 무거운 마음을 움직일 수 있게 된다.

언제든 바로 시작할 수 있는 간단한 과제라면 심리적인 부담이 그다지 크지 않지만, 왠지 귀찮고 마음이 무거워지는 과제의 경우에는 자기 나름의 방법으로 기합을 넣어야 행동하기 쉬워진다.

행동하는 습관

그중에 의식을 도입하는 방법이 있다. 이때 의식은 행동의 스위치가 된다. 의식을 행함으로써 마음에 전원이 켜지는 것이다.

'오페란트 조건 형성'이라는 말을 들어본 적이 있는가? 어떤 행동을 했더니 자기에게 좋은 일이 생겼다. 이후에는 그 행동에 대한 좋은 이미지가 생겨서 적극적이 된다. 반대로 어떤 행동을 했더니 나쁜 일이 생겼다. 그럼 그 행동에 대해 소극적이 된다. '오페란트 조건 형성'이란 이처럼 행동과 그 결과의 관련성을 학습하는 것을 말한다.

예컨대 월요병을 들 수 있다. 일요일 저녁만 되면 "내일부터 또 길고 긴 일주일이 시작되는 구나……, 또 출근이야……"라며 우울한 기분에 빠져든다. 어떤 이는 일요일 저녁식사를 하고 나면 월요병이 시작된다고 하고, 어떤 이는 주말드라마가 끝나면 시작된다고도 한다. 이것은 마이너스 스위치의 한 예인데, 일요일 저녁의 '식사'나 '드라마'가 일종의 부정적인 의식으로 작용하는 셈이다.

반대로 높은 성과를 발휘하기 위해서는 긍정적인 의식을 도입하면 효과적이다. 긍정적인 의식을 통해 나는 할 수 있다는 긍정적인 자기 이미지를 떠올릴 수 있기 때문에 어떤 일에든 적극적이 될 수 있다.

의식은 심리적으로도 효과가 있다고 알려져 있다. 나는 유학시절, 시험을 보는 날이면 아침에 반드시 특정 영양 드링크를 마셨다. 가끔 졸음을 이겨내려고 마신 적이 있는데, 그때마다 기대 이상의 효과를 보았던 것이다. 그래서 그때부터는 그 영양 드링크를 마시고 시험에 임했다.

그런가 하면 피겨스케이트 선수 하뉴 유즈루는 NHK배에서 4회전 루프라는 기술을 성공시켰을 때, 기술 성공 바로 직전에 "할 수 있다, 할 수 있다, 할 수 있다"라고 중얼거린 사실이 화제에 오른 적이 있다. 연습 중에 그렇게 중얼거린 후 완벽한 기술을 성공시켰던 경험이 계기가 되었다고 한다. 그렇게 함으로써 자신감을 채워 큰 무대라는 부담감에도 지지 않고 난해한 대기술을 완벽하게 해냈던 것이다.

의식의 대부분은 우연의 산물일지 모른다. 어쩌다 우연히 취한 동작이 중요한 성공체험으로 이어질 때, 또 같은 동작을 반복하면 좋은 성과로 이어지지 않을까 하는 기대감을 갖게 된다.

나는 최근 들어 부담이 되는 업무를 하거나 기운을 내야 할 필요가 있을 때는 좋아하는 홍차를 마신다. 홍차 향을 맡음으로써 영국에서의 충만했던 날들을 떠올리게 되고, 그때에 비해 지금의 나는 얼마나 성장했는가를 돌아보는 잣대가 되어주기 때문이다. 그러면 '그 무렵 꿈꾸던 내가 되기 위해 지금 더 열심히 해야지!'라는 다짐을 새롭게 하게 된다.

여러분에게도 중요하게 생각하는 의식이 있는가? 때로는 마음대로 움직여지지 않아 마지못해 기운을 내야 할 때도 있다. '곧바로 행동하는 사람'은 그럴 때마다 자신이 고집하는 의식을 취함으로써 마음의 스위치를 켜고 행동력을 높인다.

'의식'이라고 하면 뭔가 대단한 것처럼 들릴지 모르지만, 마음의

행동하는 습관

스위치를 ON으로 켜기 위한 여러분만의 특정한 '동작'이 곧 여러분의 '의식'이 된다.

💡 행동하는 습관을 가진 사람은 집중력을 높이는 의식을 가지고 있다.

소설책을 읽는 사람
동영상을 보는 사람

여러분은 자신의 직감에 자신이 있는가? 다음은 스티브 잡스의 말이다.

"마음과 직감을 따를 용기를 가져라. 그것은 당신이 되고 싶은 것이 무엇인지를 알고 있다. 그 밖의 것은 그다음 문제다."

하루하루는 선택의 연속이다. 정보를 철저하게 수집하고 사고에 사고를 더하더라도 의사결정이 힘든 상황들이 곧잘 발생한다. '행동하는 습관을 가진 사람'은 무엇보다 직감이 예리하고 기회를 선별하는 후각을 가지고 있다.

가령 축구에서 득점능력이 뛰어난 선수는 '어떻게 그때 그 자리에 있었지?'라는 경우가 빈번하게 발생한다. 인터뷰에서 득점 장면을 돌이켜볼 때도 "그때 공이 올 거라고 생각했다"라고 말한다. 일반인으로서는 예상도 하기 힘든 장소에 출몰해서 득점 골을 터트린다. 망설이거나 판단이 1초만 늦었어도 득점은 얻지 못했을 것이다. 그야말로 직감이 순간적으로 작동했기에 가능한 일이다.

스티브 잡스뿐 아니라 세계적인 경영인도 논리적으로 철저하게 분석하고 사고하는 것처럼 보이지만 결국에는 자신의 직감으로 중대한 일을 결정하는 일이 많다. 머리로 생각해도 안되는 일이 많기 때문이다. 하지만 교육과정에서 지나치게 생각하는 버릇이 생겨버리면 직감은 차츰차츰 둔해지게 된다. 인생에서도 비즈니스에서도, 그 어떤 경우라도 살아남기 위한 동물적 직감을 가진 사람은 강하다.

특히 인생에는 굴곡이 있게 마련이다. 바닷물이 들고 나는 것과 같은 이치다. 일이 잘될 때는 엄청 잘되고 잘 안 될 때는 뭘 해도 안된다. 이런 흐름을 읽어내서 이때다 싶은 순간 승부를 겨루는 사람은 시대를 막론하고 강할 수밖에 없다. 승부의 순간, 망설임 없이 '곧바로 행동할 수 있는' 직감을 길러냄으로써 업무에서나 사적인 일에서나 큰 성과를 거둘 수 있다.

직감력을 기르기 위한 방법은 여러 가지가 있는데, 그중에서도 중요한 2가지를 소개하겠다.

한 가지는 경험을 많이 쌓는 것이다. '양질전화'라는 말이 있듯이 일단 도전을 많이 해야 한다. 양적인 증가가 질적인 변화를 가져온다는 뜻으로 다시 말해 양이 질을 낳는다는 의미다. 일단 경험치가 필요하다. '심봉사 문고리 잡기도 성공하면 럭키!'라는 식으로 대충 넘어갈 것이 아니라, 잘 안 됐을 때는 그 개선책을 정확히 파악할 일이다. 축구선수도 마찬가지지만, 하나하나의 찬스에 대해 집요하게 분석하기 때문에 직감력이 발달하고 드디어 절호의 기회가 왔을 때 몸이 자연스럽게 반응하게 된다.

장기기사인 하부 요시하루는 "직감의 70%는 맞다"라고 말한다. 그렇다고 대충 짐작으로 때려맞히는 식이 아니라 생각에 생각을 거듭하고 수많은 경험을 축적한 결과 비로소, 결정적인 순간에 직감이 발동한다는 것이다.

직감력을 기르는 또 한 가지 방법은 우뇌를 단련하는 것이다. 우리의 뇌는 우뇌와 좌뇌로 분리되는데, 좌뇌는 논리적 사고를 담당하고, 우뇌는 감성뇌라고 하여 예술적 감성을 관장하고 있다. 직감력을 단련하기 위해서는 우뇌 활동을 활성화할 필요가 있다.

어릴 때는 우뇌를 단련할 기회가 많지만 어른이 되면 그것이 좀처럼 쉽지 않다. 원인 중 하나가 영상에 지나치게 의존하기 때문이다. 영상은 시각적으로 금방 알 수 있기 때문에 딱히 상상력을 요구하지 않는다.

어린 시절 어머니가 그림책이나 동화책을 읽어준 기억을 가진 사람도 많을 것이다. 아이들은 그런 이야기를 들으면서 머릿속으로 하나하나 장면을 그려본다. 말이나 문자에만 의존해서 머릿속으로 이미지를 상상하는 것이다. 그때 우뇌는 긍정적 자극을 받아 활발하게 작동한다. 소설이나 이야기책을 읽는 것은 상상력을 요구하므로 우뇌를 자극한다. 그것은 직감력을 단련시키는 최고의 트레이닝이

행동하는 습관

기도 하다.

비즈니스 서적에는 그 나름의 장점이 있어 나도 좋아하긴 하지만, 직감력을 기르기 위해서라면 가끔 소설을 읽고 머릿속에 떠오르는 이미지를 맘껏 펼쳐보기 바란다.

행동하는 습관을 가진 사람은 절호의 기회를 알기 위해 직감력을 단련한다.

오감으로 파악하는 사람
타인의 평가에 의존하는 사람

무엇이든 검색만 하면 알 수 있는 시대다. 딱히 생각하지 않아도 인터넷을 이용해 조사만 하면 끝난다. 굳이 경험하지 않아도 된다. 하지만 맛집 사이트에서 1위를 차지했다고 그 맛집이 나한테도 1위라는 보장은 없다. 리뷰의 평가가 높았다고 하지만 나한테는 별로더라 하는 경우도 많다.

사실은 무엇이 정답일지 모르는 일이다, 혹은 정답 같은 거 애당초 없을지도 모른다. 그러므로 '곧바로 행동하는 사람'은 자신의 기준을 믿는다. 자기 자신이 만족할 수 있느냐 없느냐를 중시한다. '즐거운가?' '맛있는가?'를 자문한다. 타인의 기준으로 결정하는 것이 아니라 자신을 기준으로 삼기 때문에 헤맬 일이 없다. 내가 보기에 즐거울 것 같으니까 해본다. 맛있을 것 같으니까 먹어본다. **그뿐이다.**

'곧바로 행동하는 사람'은 오감을 풀로 활용한다. 자신의 오감을 사용해서 사물을 접한다. 시각과 청각은 물론, 촉각과 미각 그리고 후각까지 결코 소홀히 하지 않는다. 자칫 다 안다고 착각하는 것이 행동력을 둔화시킬 수 있기 때문이다.

인터넷이나 SNS가 발달한 덕분에 지구 한쪽 귀퉁이에 살면서 외국 어느 곳의 풍경이든 사진으로 볼 수 있고 동영상으로 외국의 상황도 얼마든지 볼 수 있다. 그런가 하면 여행을 가기 전에 사진과 동영상을 통해 그곳 분위기를 미리 파악할 수도 있다.

이처럼 우리는 시각과 청각만으로 온갖 사물을 인식할 수 있는 시대에 살고 있다. 다만 그것으로 세계를, 또 현실을 다 안다고 착각해서는 안 된다.

원래 우리 인간의 본능에 가장 가까운 것은 후각이다. '이상한 냄새가 난다!' 하고 행여라도 닥칠 위험한 상황의 안전성을 확인하기 위해 얼굴 중에서도 코는 가장 앞에 돌출되어 있다. 동물적인 특징이라고 할 수 있다. 그런데 우리 인간은 이성으로 본능을 억제하려고 애써온 결과, 후각이 점점 후퇴하고 말았다.

어른이 되고 나이가 들수록 미각도 둔해진다. 어릴 때 쓰기만 하던 커피나 피망이 어른이 되면 그 쓴맛에 둔감해지고 만다. 쓴맛뿐만 아니라 다른 여러 가지 맛에 둔해지게 마련이다.

물론 맛집 사이트에 나온 랭킹이나 점수로 음식점을 정해선 안 된다는 말이 아니다. 다만 그것이 일종의 편견으로 작용해서 정말 자신의 미각으로 그 맛을 판단했는지 어땠는지를 알 수 없게 되는 것이 문제라는 말이다. 맛있는 냄새가 나는 가게에 우연히 들어가서, 맛이 있는지 없는지 자신의 미각으로 직접 맛보지 않으면 미각은 점점 쇠퇴하고 말 것이다.

그럼 촉각은 어떤가? 손끝이나 피부를 통해 사물의 견고함이나 탄력성 또는 촉감 등을 매일 느끼고 있는가? 여기저기 여러 장소에 다니면서 그곳의 공기를 느낄 수도 있다. 건조한지 습한지 아니면 무거운지 가벼운지 등 현장이 아니면 느낄 수 없는 것들이 수두룩하다. 뭔가를 만질 때는 손끝에 의식을 집중하고 만져보도록 하자.

머리로 다 아는 것 같아도 오감을 따라갈 수는 없다. 오감으로 직접 느껴보아야 한다. 그렇게 하면 여러분의 오감은 나날이 예리해질 것이다. 오감이 예리해질수록 아주 작은 변화도 캐치할 수 있게 되고, 기회를 발견하는 능력도 향상될 것이다. 물론 판단력도 향상된다.

'곧바로 행동하지 못하는 사람'은 대개 '보면 이해할 수 있어' '들으면 알아!'라고 생각하지만, 인터넷이나 입소문 혹은 미디어를 통해 입수한 정보는 모두 2차 정보에 지나지 않는다. 그것을 마치 자신이 경험한 것처럼 확신해버리면 여러분의 가능성은 점점 작아질 수밖에 없다.

'곧바로 행동하는 사람'은 몸소 현장을 찾아가 그곳의 공기와 분위기를 오감을 이용해 느끼고 맛보는 습관을 가지고 있다. 오감을 통해 자연의 감각을 의식하는 것은 뇌를 자극하고 뇌의 기능을 향

행동하는 습관

상시키기 위해 아주 효과적이다. 경험이야말로 오감을 단련하는 최고의 수단이다.

💡 행동하는 습관을 가진 사람은 눈으로만 입수한 정보를 그대로 신뢰하지 않는다.

자신감이 충만한 사람
자신감이 결여된 사람

"처음에는 꿈과 근거 없는 자신감 밖에 없었다. 거기에서 모든 것이 시작되었다."

이것은 소프트뱅크의 창업자인 손 마사요시가 한 말이다. 그런데 요즘에는 스스로에게 자신감을 갖지 못하는 사람이 증가하고 있다. 자신감이 없으니까 첫걸음을 떼지 못하고, 이때다 싶은 순간에 뒷걸음질치고 만다. 자신감이 없으면 업무에서나 사적인 일에서나 행동을 개시해야 할 순간에 정체되는 원인이 될 수 있다. 그리고 그런 자신에게 또 한 번 실망하고 자신감을 더더욱 상실하는 악순환을 불러온다.

일본청년연구소의 조사(2011년)에 따르면 "나는 가치가 있는 인

행동하는 습관

간이라고 생각하는가?"라는 질문에 미국의 고교생 57%와 중국의 고교생 42%가 'YES'라고 답했다. 일본의 고교생은 어땠을까? 놀랍게도 겨우 8%만이 'YES'라고 답했다고 한다. '나 같은 건……' '어차피 안 될 텐데 뭐'라는 사고패턴이 깊이 박혀 있기 때문이다. 이런 상태에서는 도전은커녕 위기에 지레 겁을 먹고 싫은 일을 죄다 뒤로 미루다 결국 포기하고 만다. 그런 사람은 항상 불안에 휩싸여 있는 상태이기 때문에 '곧바로 행동하지 못하는 사람'이 되는 것이다.

행동경제학에서는 새로운 일에 도전하지 않고 현상을 유지하기 원하는 심리 상태를 '현상 유지 바이어스'라고 부르는데, 그것에 박차를 가하는 것이 자신감의 결여다. '곧바로 행동하지 못하는 사람'은 "실적이 없으니까 자신감을 가질 수 없다"라며 현상 유지에 만족하고 만다.

반면 '곧바로 행동하는 사람'은 "자신감만 가지고 있으면 실적은 당연히 뒤따라온다"라고 생각한다. 바꿔 말해 "자신감이 없으니까 안 하고 못한다"가 아니라 "행동하기 때문에 자신감이 붙는다"라는 것이다.

앞에서 말했듯이 나는 마이클 잭슨의 영화 〈This is it〉의 감독이자 세계 최고의 안무가인 트래비스 페인의 통역을 맡은 적이 있는데, 처음 의뢰를 받았을 때는 실적 제로였다. 통역이라는 일에 주력하지 않았으니 당연한 일이지만, 무엇보다 마이클 잭슨에 대해서도 거의 무지하다시피 했다. 엔터테인먼트 관계에서의 통역 경험도 거의 제로였다. 특히 통역이라는 일은 통역하는 쪽의 배경지식이 없이는 제대로 이뤄질 수가 없다. 세계적인 스타의 그때까지의 실적이나 작품 등에 대해 머릿속에 꿰고 있지 않으면 통역 일은 불가능하다.

하지만 의뢰를 받은 후 그것을 수락하기까지 그리 많은 시간은 필요하지 않았다. 나보다 대단한 실적을 가진 통역사는 많고 분명 존경할 만하지만 "결국은 같은 인간일 뿐이잖아!"라고 생각했던 것이다. 통역사들의 동영상을 수없이 보면서 내 안에 그 이미지를 각인시키고 그것을 철저하게 소화하였다.

그렇게 한 결과 실적도 근거도 없었지만 자신감만은 넘쳤고, 결국 이벤트에 참석한 사람들로부터 "자신감도 실적도 갖춘 통역으로밖엔 안 보이던데!"라는 평가를 들을 수 있었다. 트래비스 본인에게도 나의 통역을 인정받아, 요코하마 아레나에서 개최되었던 댄스콘테스트에서 쟁쟁한 아티스트들 틈에 끼어 심사위원석에 앉는 기회도 얻을 수 있었다(물론 통역으로서 말이다).

실적이 없어도 근거 없는 자신감을 가지고 도전한 결과, 그 후에는 아무리 긴장되는 상황에서도 거뜬히 해낼 수 있는 자신감을 갖게 되었다.

하버드 MBA 등에서도 교편을 잡고 있는 사회심리학자 에이미 카디는 "자신이 원하는 모습이 되어보는 것은 실제로 그렇게 되기까지의 프로세스다"라고 말한다. 그녀의 팀 연구에서 피실험자에 강한 포즈와 약한 포즈를 모두 취해보라고 요구하였다. 그러자 자신감이 없을 때 강한 포즈를 취하면 자신감이 생기고 리스크에 선뜻 도전하게 된다는 사실을 알 수 있었다. 반대로 약한 포즈를 취하면 전혀 반대의 반응이 나타났다. 자신감이 있는 것처럼 행동함으로써 자신감이 넘치게 되고, 스트레스가 감소한다는 것이다.

할 수 있느냐 없느냐가 아니라 근거 없는 자신감이 크나큰 자신감을 갖게 하는 첫걸음일지도 모른다.

행동하는 습관을 가진 사람은 일단 자신감을 갖는다는 것의 중요함을 알고 있다.

언어의 힘을 믿는 사람
언어의 힘을 소홀히 하는 사람

'언령言靈'이라는 말을 들어본 적이 있는가? 언령이란 간단히 말해 입 밖으로 내뱉은 말대로의 현실을 일으키는, 언어에 깃든 힘을 말한다. 오랜 옛날부터 "좋은 말은 복을 부르고, 나쁜 말은 재앙을 부른다"라는 믿음이 전해 내려오고 있다.

잽싸게 행동하는 이른바 '곧바로 행동하는 사람'은 말의 힘을 믿기 때문에 부정적인 말이 아닌 긍정적인 말을 의식적으로 사용한다.

예컨대 "할 수 없다" "대체 어떻게 해야 될까?" "그러게"라는 변명 같은 말 대신 "그럼 다음에는!"이라고 긍정적으로 받아들인다. 부정적인 말을 사용하면 행동이 소극적이 되기 때문이다.

'곧바로 행동하지 못하는 사람'은 부정적인 말을 많이 사용하고,

말이 갖는 영향력에 주의를 기울이지 않는다. 심리학자인 리처드 와이즈먼 교수는 말이 얼마나 인간의 감정과 행동에 영향을 미치는가를 연구하였는데, 우리는 우리가 다루는 언어의 영향을 무의식적으로 받고 있다는 사실을 알아냈다.

와이즈먼 교수는 피실험자에게 단어가 적힌 복수의 카드를 올바른 순서대로 나열하고, 그것이 문장이 되도록 바르고 정확하게 재배치하도록 지시하였다. 첫 번째 실험에서는 '젊다'나 '빠르다'와 같은 단어카드를 준비하였다. 두 번째 실험에서는 '늙었다'나 '느리다'와 같은 단어카드를 준비하였다. 그런 다음 와이즈먼 교수는 피실험자의 걷는 속도를 측정하였다. 그랬더니 '젊다'나 '빠르다'라는 단어카드를 사용한 첫 번째 실험의 피실험자의 걷는 속도가 빨라졌다.

또 다른 실험에서는 '안절부절'이나 '성급한'과 같은 단어를 사용하였다. 그리고 카드를 다 배열한 피실험자가 실험 종료를 알리는 벨을 얼마나 빈번하게 울리는가를 측정했다. 그러자 다른 피실험자보다 '안절부절' '성급한' 등의 단어를 다룬 피실험자가 훨씬 성급하게 벨을 울린다는 사실을 알 수 있었다. 즉, 긍정적인 단어나 부정적인 단어 모두 우리가 모르는 사이에 영향력을 미치고 있다는 것이다.

또 여러분도 알겠지만 모하메드 알리는 "나는 강하다" "나는 승리한다"와 같은 자기암시로 아주 유명하다.

영국의 월버 햄프튼대학의 연구에 따르면, 자기암시로 성과를 향상시킬 수 있다고 한다. 이 연구에 따르면 "나는 할 수 있다. 다음에야말로 반드시 성공할 것이다" 등의 혼잣말을 끊임없이 반복하는 그룹이, 정신단련을 한 그룹보다 성과가 훨씬 뛰어났다. 또 소리 내어 말하는 것은 모티베이션을 높이는 효과도 있다. 마음속으로 중얼거리기보다 소리를 내어 말함으로써 성과도 행동력도 향상된다.

말에는 영향력이 있다. 긍정적인 말을 몇 번이고 반복하면 두뇌 내에 새로운 회로가 만들어진다. "재밌겠다. 하지만 지금은 시간이 없어"를 "재밌겠다. 그러니까 시간을 만들어보자"로, "해보고 싶어. 하지만 나는 못해"를 "해보고 싶어. 그러니까 잘 아는 사람한테 물어봐야지!"로 바꾼다. 이처럼 '하지만'을 '그러니까'로 바꿔보자.

'곧바로 행동하지 못하는 사람'은 행동하지 않는 이유를 잘 찾기 때문에 무의식중에 '하지만'을 찾는 회로가 뇌에 만들어져 있다. 그러므로 긍정적이 될 수 있는 상황에서도 '하지만'을 찾게 되는 것이다.

그럼 '행동하는 습관을 가진 사람'은 부정적인 말을 전혀 하지 않느냐? 그렇지는 않다. 다만 자신의 감정에 충실하고 때로 감정을 토로함으로써 자신의 기분을 리셋할 줄 안다. 다만 이런 경우는 매우 한정적이다. 그들은 평소 긍정적인 말을 선택하는 회로를 가지고 있다.

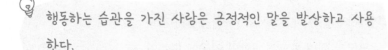

행동하는 습관을 가진 사람은 긍정적인 말을 발상하고 사용한다.

행동하는 습관

5장

행동하는 습관을 가진 사람의

컨디션 관리는 다르다

적극적인 휴식을 취하는 사람
쉬는데도 피곤한 사람

휴식도 없이 일이나 공부를 열심히 하다 보면 심신의 피로가 쌓여서 오히려 성과가 저하되는 것을 실감할 때가 있다. 시간이 갈수록 연료 부족 깜빡이가 켜지고 '연료를 보충하려면 쉬어야 하는데……'라고 생각하면서도 휴식 자체에 심리적 부담을 느끼는 사람도 있다.

휴일인데도 뭔가 하고 있지 않으면 안절부절못하거나 죄책감마저 들어, 결국 이것저것 조사하고 정리하느라 서류를 뒤적이기 시작한다. 그렇게 어중간한 휴일을 보내게 되면 파워 충전도 어중간해져서 금방 숨을 헐떡이게 된다.

그런가 하면 "휴일에는 충분한 휴양을 취해야 해!"라며 해가 중

천에 뜨도록 흐지부지 시간을 보내거나 밀린 잠을 자는 사람도 있다. 하지만 이 또한 위험한 휴일이긴 마찬가지다. 우리의 체내시계가 고장 나기 쉽기 때문이다. 휴일이라고 실컷 잠을 자고 파자마차림으로 온종일 뒹굴다 보면 그날 밤엔 일찍 잠들지 못한다. 그러다 결국 몸은 찌뿌둥하고 정신은 몽롱한 월요일을 맞이해본 경험이 누구나 한번은 있을 것이다.

두 유형 모두 몸에 피로가 쌓이고 열심히 해야 할 때를 방해하는, 즉 '곧바로 행동하지 못하는 사람'이 될 위험요소가 될 수 있다.

여러분은 휴일을 어떤 식으로 보내는가? 휴일을 어떻게 보내느냐에 따라 월요일 아침을 상쾌한 기분으로 맞이할 수도 있고, 반대로 나른해서 채찍을 휘두르지 않으면 좀처럼 몸이 움직여지지 않는 하루를 맞이할 수도 있다. 월요일 아침부터 에너지 풀가동으로 일할 수 있다는 것은 휴일의 질이 높고 심신이 재충전되었음을 의미하므로, 집중력이 충만하고 항상 한 발짝 앞서서 업무에 대처할 수 있게 된다.

스포츠 세계에서는 곧잘 쓰이는 '액티브 레스트 active rest (적극적 휴식)'라는 말을 들어본 적이 있는가? 말 그대로 적극적으로 활동하면서 심신의 재충전을 도모한다는 의미다. 피로한 몸을 부드럽게 풀어주는 듯한 이미지다.

액티브 레스트의 목적은 온몸의 혈행을 좋게 하고 근육을 풀어주는 데 있다. 가벼운 유산소운동으로 호흡순환기를 활성화시켜주어 피로회복을 빠르게 한다. 의지력 저하의 원인이기도 한 유산이라는 피로물질을 효과적으로 몸 밖으로 배출시킬 수 있어 피로회복과 직결된다.

몽롱한 정신으로 누워서 텔레비전을 보고, 하는 일 없이 흐지부지 휴일을 보내는 것이 다 나쁘다는 말은 아니다. 물론 그런 시간도 중요하다. 하지만 가벼운 운동은 몸과 마음의 피로를 회복시켜준다. 또 뇌세포를 건강하게 유지하기 위해서는 역시 운동과 휴식의 양립이 필요하다.

'곧바로 행동하는 사람'의 대부분은 휴일에 적극적으로 몸을 움직인다. 좀처럼 휴식을 취하지 못하는 사람은 누군가와 테니스나 골프를 친다는 약속을 잡는 등 강제력을 이용해 휴식을 갖는다. 다만 액티브 레스트라고 해서 무조건 심한 운동을 해야 하는 것은 아니다. 오히려 가볍게 땀을 흘릴 정도의 운동이 좋다. 지나치게 심한 운동을 하면 유산이 축적될 우려가 있어 휴식을 취하지 않느니만 못하게 될 수 있다.

기분 좋을 정도의 워킹이나 조깅으로 충분하다. 시간은 10~15분을 기준으로 삼고 각자의 상황에 맞는 휴식을 갖자. 평소 좋아하는 음악을 들으며 근처 공원 등을 한 바퀴 도는 것도 훌륭한 운동이자 휴식이 된다.

특히 워킹이나 가벼운 조깅 같은, 일정한 리듬을 갖는 운동을 지속하면 세로토닌이 뇌 안에서 많이 분비되어, 그로써 재충전이 될 수 있다는 사실도 연구를 통해 밝혀진 바 있다. 액티브 레스트는 마음의 피로에도 효과가 기대되는 피로회복법이라 할 수 있다. 또한 스트레칭을 조금씩 도입하면 몸의 피로가 쌓이지 않게 되므로 행동력을 높여준다.

 행동하는 습관을 가진 사람은 휴일을 보내는 방법에 대해서도 연구한다.

아침이 빠른 사람
밤이 늦은 사람

'아무리 열심히 해도 시간만 가고 결국엔 아무것도 못했다'와 같은 경험이 있을 것이다. 특히 밤에 그 같은 패턴이 많다. 밤에는 뇌도 몸도 피곤하기 때문에 창조적인 일이나 새로운 뭔가에 도전하기 위한 에너지가 남아 있지 않다. 밤 시간대는 단순한 작업이나 업무의 재검토 등에 적합하므로 그런 일에 시간을 할애하는 것이 효율적이다. 그런데 그 시간대에 무리하게 자신을 움직이려고 하면 일이 효율적으로 잘될 리가 없다.

한편 미래를 만들어가는 것은 새로운 도전이거나 창조적인 업무라 할 수 있다. 그 때문에 '곧바로 행동하는 사람'이나 성공한 사람들은 아침 일찍 일어나는 것을 습관화하고 있다. 스타벅스의 CEO

하워드 슐츠나 애플의 CEO 팀 쿡은 4시 반에 일어나고, 나이키의 CEO 마크 파커는 5시에 일어난다. 여러분이 알고 있는 세계적인 톱 리더들의 공통점은 일찍 일어난다는 것이다.

《What the Most Successful People Do Before Breakfast.(성공자는 아침식사를 먹기 전에 무엇을 하는가)》의 저자인 로라 밴더캠은 다음과 같이 서술하고 있다.

"이른 아침은 의지력의 공급이 가장 높아지는 시간이다."

'곧바로 행동하는 사람'은 아침이 얼마나 중요한가를 알고 있다. 나는 외국에 나가 있는 동안에는 무조건 아침 일찍부터 산책을 하는데, 놀라운 것은 6시 30분 정도의 이른 시간에도 많은 사람이 헬스장에서 땀을 흘린다는 사실이다. 최근 일본에도 증가하고 있는데, 내가 살았던 케임브리지에도 24시간 영업하는 헬스장이 있어 아침부터 운동하는 사람들로 활기가 넘쳤다.

인간의 뇌는 아침에 일어난 후 2~3시간이 경과한 시점에 가장 활발하게 활동한다고 한다. 그러므로 그 시간대에 창조적인 업무나 가장 중요한 업무를 처리하면 순탄하게 잘 풀린다. 독서와 같은 인풋형 일에도 아침 시간을 활용하면 효율적이다. 그리고 누구에게도 방해받지 않을 시간을 확보할 수 있다는 장점도 있다.

그런데 이처럼 하루 중에서도 가장 가치가 높고 머리가 잘 돌아가는 시간대를 이것저것 잡다한 일에 쫓기며 보내는 것이 아깝다는 생각도 든다. 아침 1시간을 어떻게 보내느냐가 하루를 어떻게 보내느냐를 결정한다고 해도 과언이 아니다.

행동하는 습관

요컨대 스트레칭이나 10분 정도의 가벼운 조깅 및 워킹으로 뇌를 활성화시키고, 그 이후의 시간을 나처럼 독서를 하는 데 써도 좋고 집중력이나 창조력을 필요로 하는 업무에 쓴다면 얼마나 좋을까. 그때는 놀랄 정도로 뇌가 맑고 산뜻한 상태이므로 계속해서 긍정적인 행동을 불러일으킨다. 아침시간을 효율적으로 사용하면 기분 또한 상당히 상쾌해진다. 아침의 충실감은 그날 하루에 더한 활력을 심어준다.

　　이뿐만 아니라 아침시간의 활용에 대해 의식하면 밤에는 신속하고 깔끔하게 일을 마칠 수 있게 된다. 그렇게 되면 업무 이후의 시간 또한 효율적으로 활용할 수 있다.

　　아침시간을 디자인하는 것은 이처럼 다양한 장점을 얻을 수 있는 일이다. 세계적인 '곧바로 행동하는 리더들'을 본받아 여러분도 최고의 아침을 디자인해보기 바란다.

행동하는 습관을 가진 사람은 아침시간을 유효하게 활용하고 있다.

밥 먹을 때 80%를 채우는 사람
100%를 채우는 사람

"배가 부르니까 잠이 와" "움직이기도 싫어" "머리가 잘 안 돌아가" "누워서 자고 싶다, 아~함" 등 배가 부르도록 식사를 하고 나면 졸음이 오고 왠지 모르게 멍해지고 마는 경험을 누구나 한 번쯤 해 봤을 것이다.

배가 부르면 세로토닌이라는 뇌내물질이 분비된다. 이 세로토닌은 또 수면 도입 효과를 가진 멜라토닌의 분비를 자극해서 졸음을 강화시키는 작용을 한다. 즉 배가 부르면 호르몬의 작용으로 졸음이 촉진된다. 배부르게 뭘 먹으면 자꾸 졸리고 행동력이 둔해지는 이유가 바로 그 때문이다.

'곧바로 행동하는 사람'은 식사를 즐길 줄 알지만 80%만 배를

행동하는 습관

채우고 식사를 마친다. 그렇게 함으로써 급격한 혈당치 상승을 예방하고 위장 부담도 덜 수 있다. 뇌의 활동공간에 여백을 남겨두는 것이 얼마나 중요한가는 앞서 말했지만, 배에도 항상 여백을 남겨두는 것이 중요하다는 사실을 기억하기 바란다.

'곧바로 행동하는 사람'은 양보다는 질에 치중하는 식사를 함으로써 마음을 가득 채우고 식욕을 만족시킨다. 먹고 싶은 만큼 먹고, 갖고 싶은 만큼 움켜쥔다는 식의 사고방식이 아닌, 자신에게 필요한 수나 양이 어느 정도인지 추정하여 그 이상을 욕심내지 않는다. '곧바로 행동하는 사람'은 '족하다'는 말의 진정한 의미를 이해하고 있기 때문이다.

또한 과식하면 기억력이 저하되고 학습능력도 저하된다는 사실을 알고 있는가? 케임브리지대학의 연구팀이 심리학학회지에 발표한 것에 따르면, 비만도를 나타내는 체격지수^{BMI}가 높으면 높을수록 기억력이 나쁘다고 한다. 그 발표에는 다음과 같은 보고 내용이 담겨 있다.

어느 시험 결과, 비만인 사람은 표준체중 이하인 사람에 비해 평균에서 15%나 성적이 나빴다. 또 BMI 수치가 높은 사람일수록 기억력이 모호해지는 경향을 보였다. 비만인 사람은 '식욕억제 호르몬'인 렙틴의 분비를 컨트롤하지 못하는 듯하다. 밥을 먹고 배가 잔뜩 부르면 지방세포에서 렙틴이 분비되는데, 이는 "이제 배불러!"라고 뇌에 지령을 전달함으로써 식욕을 억제한다. 하지만 비만인 사람은 렙틴의 분비가 제대로 안되어 포만감을 느끼지 못하므로 결국 과식을 하고 만다.

그리고 이 렙틴은 기억력과도 관련이 있는 '학습호르몬'이기도 하다. 살찐 사람은 먹은 것에 대한 의식이 모호해지기 때문에 간식을 많이 먹게 된다. 그렇게 과식을 하면 살은 더 찌게 되고 결국엔 렙틴의 분비에 혼란이 생겨 먹는 양을 컨트롤할 수 없게 되는 악순환이 생기고 만다. 즉, 자신의 행동을 정확히 파악하지 못하게 될 위험이 높아지고, 이것은 곧 "나중에 하지, 뭐"라거나 "아이 귀찮아"라며 결국 행동을 미루는 패턴의 형성으로 이어진다.

나는 어릴 때부터 살찌기 쉬운 체질이었다. 배가 부를 때까지 과식하는 습관이 반복되다 보니 어느새 포만감을 잘 느끼지 못하게 되었고, 결과적으로 지방이 증가하고 나 자신을 컨트롤할 능력을 잃고 마는 악순환을 반복했다. 하지만 배의 80% 정도를 채우면 충분하다는 의식을 갖고부터는 나 자신을 컨트롤할 수 있다는 자신감을 갖게 되었고, 더불어 항상 여유를 가지고 행동할 수 있게 되었다.

포만감이 들도록 꽉 채우지 않고 배에 여유를 남겨두는 것은 마음의 여유와도 직결되어 보다 정확한 판단을 할 수 있게 된다. 연료를 너무 꽉 채워서 몸도 마음도 무거워지지 않도록 주의하자.

 행동하는 습관을 가진 사람은 질을 중시하는 식사를 즐긴다.

행동하는 습관

전략적으로 자는 사람
대충 자는 사람

'곧바로 행동하는 사람'은 아침시간을 풀로 활용한다고 했다. 다만 아침시간을 풀로 활용하기 위한 열쇠가 있다. 그것은 바로 수면이다.

여러분은 자신의 수면패턴을 알고 있는가? 다음 날 뇌가 맑은 상태에서 풀가동할 수 있는 상태로 하루를 맞이하기 위한 수면의 모범 패턴을 알고 있는가?

"일요일 밤 결국 술 한잔 마시러 외출했다가 밤늦게야 돌아왔다. 월요일 아침부터 머리가 멍하고 무기력감에 괴롭다. 몸도 찌뿌둥하다. 아무것도 하기 싫고 머리도 돌아가지 않는다."

이런 상태라면 그야말로 '곧바로 행동하지 못하는 사람'의 전형적인 습관에 젖어들고 말 것이다. 장시간 잠을 자지 않으면 뇌가 회복되지 않는 롱 슬리퍼long sleeper나 반대로 3, 4시간만 수면을 취해도 다음 날을 상쾌하게 맞이할 수 있는 숏 슬리퍼short sleeper를 제외하고, 일반적으로는 가급적 6시간 이상의 수면은 취해야 한다. 수면시간은 사람에 따라 크게 다르므로 자기에게 가장 적합한 수면시간을 찾는 것이 최선이다.

의지력은 수면을 취하면 회복되는데 일반적으로 6시간 미만의 수면은 의지력의 회복을 방해하므로 유혹에 질 확률이 높아진다. 자신에게 맞는 최선의 수면만 확보할 수 있다면 유혹에 지지 않도록 전두전야가 잘 컨트롤해줄 것이다. 그리고 그보다 일찍 일어나기 위해서는 일찍 자야 한다는 사실이 중요하다.

일본의 여배우 아이카와 쇼는 "다들 아침에 일찍 일어나기 어렵다고들 하는데, 정답은 간단해요. 그거야 일찍 안 자니까 그렇죠. 그리고 잠을 빨리 못 자는 건 빨리 안 일어나니까 그런 거고. '일찍 자고 일찍 일어나기'라는 말이 딱 맞아요. '일찍 자고 일찍 일어나기'가 정답이죠!"라고 말한다. 그의 말대로 일단 일찍 일어나는 습관부터 들인다면, 자연스럽게 밤에 졸리는 시간이 빨라지게 될 것이다.

내 경우를 예로 들면, 밤 11시 무렵에 잠자리에 들어서 아침 5시에 일어나면 머리가 맑은 상태에서 하루를 맞이할 수 있다. 숙면을 취했을 때는 일어난 순간부터 머리가 풀가동하고 있음을 느낄 수 있다. 일어나자마자 업무나 원고에 관한 아이디어가 샘물이 솟듯 펑펑 솟는다. 대개 오전 9시쯤까지는 뇌가 활발하게 기능한다는 느낌이

들기 때문에, 그 사이에 큼지막한 과제들을 차근차근 처리해나간다. 그렇게 되면 스스로가 오늘이라는 하루를 컨트롤하고 있다는 상쾌한 기분이 들어서인지 또 다른 에너지가 솟는 느낌이다.

아침에 일어날 때는 되도록이면 알람을 이용하지 않는 편이 좋다. 알람은 뇌에 좋지 않기 때문이다. 물론 처음에야 알람시계에 의존하는 것도 좋지만, 무엇보다 주의해야 할 것은 아침 해가 방 안으로 잘 비치도록 해두는 것이다. 햇빛에는 체내시계를 활성화하는 작용이 있기 때문에 몸이 햇빛의 감각을 기억할 수 있도록 커튼을 다 닫지 말고 해가 들도록 어느 정도 틈을 두도록 하자.

또 한 가지 중요한 것은 '곧바로 행동하는 사람'들은 주말에도 같은 시간대에 일어난다는 사실이다. 주말 아침이라고 일어나는 시간을 늦게 되면 체내리듬이 흐트러져 월요일 아침이 힘들어지기 때문이다. 그러면 일주일의 시작이 원활하지 않게 된다. 수면은 리듬이며 습관이기도 하다. 그때그때의 상황에 따라 달라져서는 좀처럼 자신을 컨트롤하기 어렵다.

수면이란 하루의 끝이 아니라 다음 날의 시작이다. 수면이 내일의 운명을 좌우한다는 의식을 갖는 것이 내일을 보다 나은 하루로 만들기 위한 첫걸음이다.

행동하는 습관을 가진 사람은 주말에도 같은 시간에
일어남으로써 몸의 리듬을 유지한다.

심호흡으로 판단력을 높이는 사람
대충 호흡하는 사람

'좋아, 시작해볼까!'라고 생각한 순간 메일이나 SNS의 메시지가 도착했다고 하자. "일단 답변부터 보내고 하지, 뭐"라고 했다가 결국 하려던 일을 못한 채 끝나버리진 않는가?

이럴 때 판단을 내려 보내는 것이 전두전피질이다. 전두전피질은 이상의 예처럼 '지금 바로 할 것이냐 말 것이냐'라는 선택의 기로에 섰을 때 판단을 내린다. 원래 하려던 일을 우선시하고 미루려고 하는 원인을 제거하도록 전두전피질을 컨트롤하지 못하면 편한 쪽으로 떠밀려가기 십상이다. 해야 할 일을 하는 힘과 하지 말아야 할 일을 안 하는 힘을 관장하는 것이 이 전두전피질이다.

그리고 전두전피질의 기능은 호흡에 의해 활성화된다. 바꿔 말

행동하는 습관

하면 자신의 행동을 컨트롤하는 데 있어 호흡은 중요한 역할을 담당한다. 다양한 연구를 통해서도 호흡을 가다듬는 것이 뇌를 활성화시킨다는 사실이 밝혀졌다.

그 기본은 '복식호흡'이다. 뱃속 깊이 산소를 밀어넣는다는 생각으로 천천히 들이마시고 천천히 내뱉는다. 이때 코로 호흡하는 것이 중요하다. 3~5초 정도의 시간을 들여 천천히 코로 숨을 들이쉰 다음, 10초 정도 시간을 들여서 입을 통해 천천히 숨을 내뱉는다. 이것을 몇 차례 반복함으로써 뇌에 신선한 산소를 공급하면 뇌는 편안해질 수 있다. 요컨대 호흡의 페이스를 천천히 하고 코로 공기를 듬뿍 들이쉬고 천천히 내뱉는다.

'EQ 감성지능'으로도 저명한 미국의 심리학 박사 다니엘 골먼은 연구를 통해 호흡을 가다듬으면 곧바로 행동하는 힘을 활용할 수 있게 된다고 말한다. 호흡에 집중하고 호흡을 세는 것만으로 에너지를 집중시키는 힘이 발달한다.

무리하게 호흡을 맞추려고 의식할 필요는 없다. 자연스러운 호흡의 흐름에 의식을 집중시키면 된다. 그럼 흔들릴 뻔 했던 판단이 자기 안에서 사라졌다가 다시 돌아오게 된다.

'메시지에 답을 할까? 아니, 지금은 안 하는 게 좋겠지?'라는 갈등이 사라졌다가 다시 돌아오는 것이다. 갈등이 되살아나면 다시 호흡에 의식을 집중시키는 행위를 1분간 반복한다. 그것만으로도 판단력은 향상되고 하려고 했던 중요한 일에 의식을 돌릴 수 있게 된다. 이것은 갈등이 생겼을 때는 물론이고 평소 호흡에 의식을 집중하는 트레이닝을 습관화하면 전두전피질이 단련되어 보다 나은 판단을 할 수 있다.

지금 세계적인 리더들이 주목하는 것이 명상이다. 스티브 잡스, 빌 게이츠, 교세라 그룹의 창업자 이나모리 카즈오, 야구 선수 이치로, 축구 선수 하세베 마코토 등 다수의 리더들이 명상의 실천자로 알려져 있다. 이뿐만 아니라 구글, P&G 그리고 골드먼삭스 등의 기업이 연수프로그램으로 명상을 도입하고 있다. INSEAD(유럽경영대학원)의 연구자들의 리서치에서도 15분간 호흡에 집중하는 명상을 실천하면 의사결정력이 높아진다는 결과가 나왔다. 어떤 선택지 앞에 섰을 때 호흡의 힘을 이용하면 냉정한 판단을 할 수 있다.

명상법이라고 하면 여러 가지 방법이 있지만, 무엇보다 차분해질 수 있는 장소에서 눈을 감고 오로지 호흡에 의식을 집중시킴으로써 '곧바로 행동하는 힘'을 이끌어낼 수 있다. 5분 정도 명상을 하는 것이 좋지만, 처음에는 길게 느껴질 수 있으므로 3분 정도로도 효과를 볼 수 있다. 여러 가지 복잡한 생각들로 고민이 많을 때도, 3분 호흡으로 머릿속을 리셋하고 재충전하면 쉽게 냉정을 되찾아 올바른 선택을 할 수 있게 된다.

세계적인 리더들이 실천하고 있듯이 '곧바로 행동하는 사람'은 긴박한 순간, 판단이 흔들릴 때 호흡을 가다듬는다. 반면 '곧바로 행동하지 못하는 사람'은 호흡법의 위력을 알지 못하기 때문에, 호흡을 가다듬는 대신 긴박한 상태에서 성급하게 판단함으로써 후회하는 횟수가 잦아진다.

'하기 싫은 마음'과 '해야 한다는 마음'의 갈등으로 스트레스가 쌓일 때일수록 심호흡으로 마음을 가다듬자. "호흡 하나가 그런 효과를 낼 수 있겠어?"라는 의구심을 가진 사람일수록 한번 시도해보길 권한다.

행동하는 습관을 가진 사람은 호흡을 가다듬음으로써 마음을 가다 듬는다.

자세가 바른 사람
등이 굽은 사람

등이 굽은 사람이 증가하고 있다는 이야기를 들은 적이 있다. 가장 큰 원인으로 컴퓨터나 스마트폰의 장시간 사용이 손꼽힌다고 한다. 확실히 길거리나 지하철에서 스마트폰에 집중하느라 새우등처럼 웅크리고 다니는 사람을 많이 볼 수 있다.

그런데 다수의 연구에서 밝혀진 바로는 자세가 분위기에 영향을 미친다고 한다. 좋은 자세는 긍정적인 분위기를 낳고 나쁜 자세는 부정적인 분위기를 낳는다는 것이다.

독일의 비텐 헤르데커대학의 임상심리학 전문가인 요하네스 마하라크 박사는, 피실험자에게 좋은 자세로 신나게 걸어보게 하거나 나쁜 자세로 기운 없이 걸어보게 한 후 40개의 단어를 보여주었다.

그런 다음 8분간을 더 걷게 한 후 40개의 단어 중 기억나는 단어를 말해보게 하였다. 그랬더니 등을 웅크리고 어깨를 축 처지게 하고 걸었던 사람은 부정적인 단어만 떠올렸고, 반면 활발한 걸음걸이로 걸었던 사람은 긍정적인 단어를 더 많이 떠올렸다고 한다. 즉 등을 곧추 세운 바른 자세로 걸으면 우리는 긍정적이 된다. 반면 등을 웅크리고 걸으면 부정적인 일을 떠올려 우울한 기분이 되기 쉽다. 그러면 부정적이 되어 어떤 일도 뒤로 미루게 되는 '곧바로 행동하지 못하는 사람'이 될 우려가 있다.

하버드대학의 사회심리학자 에이미 카디는 가슴을 쫙 펴고 앉거나 서기를 2분 동안 한 사람은 몸을 웅크리고 있었던 사람에 비해 스트레스호르몬인 코르티솔의 수치가 저하하고, 남성호르몬인 테스토스테론 수치가 상승한다고 보고하였다. 가슴을 쫙 편 자세는 체내호르몬의 관점에서 보더라도 스트레스에 강하고 긍정적이 된다는 말이다.

이처럼 다수의 실험들이 자세가 우리의 마음에 미치는 영향력에 대해 증명해주고 있는데, '곧바로 행동하는 사람'은 역시 자세가 바르다. 등허리를 곧게 편 자세에서 자신감을 읽을 수 있다.

우리의 뇌는 온몸을 흐르는 혈액량의 약 20%를 소비한다. 그와 마찬가지로 뇌는 전체의 산소 중 약 20%를 소비한다. 그리고 뇌는 혈액이 운반하는 포도당과 산소를 에너지원으로 하여 작용한다. 자세가 나쁘면 혈관을 압박하기 때문에 혈관이 가늘어지고, 결국 포도당과 산소가 충분히 운반되지 못해 뇌가 활동하지 못하게 된다는 의미다. 그 결과 판단력이 둔해지고 할 일을 미루게 된다.

나는 자세가 나빴던 탓인지 중학생 때 추간판 탈출증을 앓았었다. 지금도 자세가 나쁘면 바로 허리가 뻐근하고 아픈데, 허리가 아프면 다리가 저려온다. 어떤 때는 걷기 힘들 정도로 저리기도 한다. 그 때문에 자세를 교정하기 위해 복근과 등근육 등의 근육트레이닝을 정기적으로 받고 있다. 가끔은 내 스스로 거울 앞에 서서 가슴을 쫙 펴고 자세를 체크하기도 한다.

연구결과에서도 알 수 있듯이 바른 자세를 유지하도록 주의하면 의외로 긍정적이 되고 자신감이 가득해진다. 그것만으로도 진취적으로 행동할 수 있게 된다. 어디 그뿐인가, 자세가 바르면 첫인상도 좋아지므로 역시 만사가 좋아진다.

가끔은 거울 앞에서 머리 모양과 얼굴을 단장하면서 자세도 체크해보면 어떨까. 첫인상이 좋아질 뿐 아니라 마음도 긍정적이 될 것이다.

행동하는 습관을 가진 사람은 자세를 바르게 하여 긍정적인 분위기를 만든다.

6장

행동하는 습관을 가진 사람의

시간과 목표 관리는 다르다

숫자가 있는 목표를 세우는 사람 되는 대로 진행하는 사람

　여러분은 목표를 가지고 있는가? 있다면 어느 정도 명확한 목표인가? '곧바로 행동하는 사람'은 목표에 숫자를 도입함으로써 행동을 컨트롤한다. 반면 '곧바로 행동하지 못하는 사람'은 모든 것이 지나치게 감각적이 되기 때문에 안정적인 행동력을 발휘하지 못한다.

　단순하게 생각해보면 알 수 있다. 여러분이 만일 여행을 가기 위해 비용을 알아봤더니 대략 500만 원이 필요했다고 하자. 그 말은 곧 여행을 가기 위해서는 500만 원의 돈을 모아야 한다는 말이다. 이처럼 숫자가 있는 목표를 설정하면, 휴일에 잠깐 외출했다가 어느 가게 앞에서 마음에 드는 구두를 발견하고 충동구매의 유혹에 사로잡혀도 '여행을 가기 위해서는 참아야해!'라며 그 충동을 억제할 수 있다. 다시 말해 감각적으로 행동하지 않고 목표를 위해 자신의 욕구를 컨트롤할 수 있게 된다. 이것은 숫자로 목표를 설정했기에 지금이 참아야 할 때인지 아니면 아직 여유가 있는지 등을 판단할 수 있게 된다는 말이다. 목표가 행동의 기준을 제시해주는 셈이다.

그런데 이처럼 숫자가 내포된 목표가 없으면 그때그때의 분위기나 기분에 '어쩌다 보니' 휘둘리고 마는 결과를 초래할 수 있다. 인간이란 고생하기보다는 편하길 바라는 동물이다.

"편하게 살면서 성공할 수 있다면 가능한 한 편하게 살고 싶다"라고 생각하는 것은 어쩌면 자연스러운 일이다. 그런 마음을 부정할 것이 아니라 그런 기분을 어떻게 하면 컨트롤할 수 있을지의 기준을 갖는 것이 중요하다.

그것을 습관화하면 된다. 그 기준은 수치를 가진 목표가 아니면 안 된다. 숫자를 유용하게 활용하면 자신을 컨트롤하기 쉽다. 물론 그 숫자가 막연하기만 하고 설득력이 없으면 자신을 컨트롤하기가 쉽지 않을 것이다.

한 가지 더 예를 들면, 나는 원래 살이 찌기 쉬운 체질이다. 유학했던 케임브리지에서 돌아와 처음 몸무게를 쟀을 때가 86킬로그램이었는데, 내 최악의 기록을 훨씬 뛰어넘는 수준의 체중이었다. 그래서 대학원 과정이 끝나고 졸업식 때까지 약 3개월의 공백 동안 20킬로그램을 감량하기로 결심했다. 수치를 가진 목표 설정이 성립됐다. 구체적으로는 일단 매주 3회 헬스장에 나가서 유산소 운동을 60분 동안 하고, 식사는 지방질 섭취를 하루 50그램 이내로 축소시킨다는 수치 포함 목표도 설정했다.

게다가 기껏 유산소운동이라고 했는데 자칫 무산소운동이 되는 경우도 있을 수 있으므로, 심박수 목표도 설정하였다. 220에서 나이(25세)를 빼고 거기에 0.7을 곱하면 대충 135 전후의 수치가 나오는데, 이것이 가장 효과적인 심박수라 할 수 있다. 나는 그 심박수를 유산소운동 중이라는 확인 기준으로 삼았다. 그랬더니 체중은 뚝뚝 떨어져 20킬로그램 감량에 드디어 성공했다. 졸업식에서 3개월 만에 만난 친구들의 놀라는 모습이 지금도 기억난다.

이처럼 숫자를 주축으로 하는 목표를 설정하면 하루 단위의 목표도 구체적으로 세울 수 있다. 나는 라면을 좋아하는데, 어느 라면체인점 사이트에 들어가 영양가표를 검토했더니 글쎄 그 체인점 라면이 스프를 포함해 지방질이 60그램 이상이라는 게 아닌가. 그 충격적인 수치를 안 이상 아무리 좋아하는 라면이라도 포기하지 않을 수 없었다.

숫자로 사물을 인지하는 습관을 가지면 판단력이 향상되고, 결과적으로 적확한 행동을 취할 수 있게 된다. 그러면 자신감이 생겨서 긍정적인 행동의 사이클이 점점 확대된다.

모호한 목표는 심리적인 부담감을 유도하지 못하므로 좀처럼 성과로 이어지지 않는다. 목표를 갖는다는 것은 기준을 만드는 것이다. 기준이 생기면 모든 행동에 스피드가 생긴다. **판단에 망설임이 없어지기 때문이다.**

그러므로 '곧바로 행동하는 사람'은 감각이 아닌 수치라는 압력을 잘 이용하여 행동을 컨트롤한다. 목표에는 반드시 수치를 더하도록 하자.

 행동하는 습관을 가진 사람은 명확한 목표를 세운다.

목표를 그리는 사람
무작정 목표를 좇는 사람

　앞서 목표 설정이 얼마나 중요한가에 대해 언급했다. 특히 수치를 가진 목표를 갖는 것이 중요하다는 것과 그로 인해 행동에 주축이 생긴다는 장점에 대해서도 말했다.

　하지만 목표는 일단 달성하면 완료된다. 즉 끝이 온다는 말이다. 5킬로그램 다이어트라는 목표는 체중 5킬로그램이 줄면 완료되고 만다. 그렇기 때문에 목표만 좇기보다는 목적 또한 명확하게 정해두어야 한다. 그럼 보다 큰 행동의 중심을 확보할 수 있고, 이는 목표를 목표로서만 끝내지 않기 위한 필수요소가 된다.

　나는 목적과 목표의 차이를 구분할 때 목적을 '상태', 목표를 '행동'이라는 키워드로 생각한다. '5킬로그램 감량'이라는 목표를 설정했다고 하자. 이처럼 '○킬로그램 살빼기!'라는 목표를 세우는 사람은 많다. 하지만 무엇을 위해 5킬로그램을 뺄 것인가를 정해두는 사람은 그리 많지 않다.

그것이 바로 목적 설정이다. 목적을 설정할 때에는 미래의 자기 모습이 어느 정도 상상이 되어 있는가가 중요하다. 5킬로그램이 빠진 자신은 어떤 모습일까? 지금의 자신과 어떤 점이 다를까? 미래의 자신이 선명하게 그려지는가? 그리고 그 미래의 모습에 가슴이 설레어 오는가?

나 같은 경우는 여름에 몸매가 드러나는 수영복을 입기 위해 바지 허리춤에 볼록하게 얹힌 뱃살이 사라진 내 모습을 상상했다. 식스팩이 보일 정도로 울룩불룩까지는 아니더라도, 배와 허리 라인이 아름답게 보이는 내 모습을 상상하고 있으면, 5킬로그램이 빠졌다는 데 만족하지 않고 그것을 유지할 이유가 생긴다. 그로 인해 목표를 달성한 뒤에도 행동지침을 명확히 가질 수 있다.

또 나는 대학을 졸업한 후 영국으로 유학을 갔는데, 어느 대학에 입학하고 싶은지를 명확히 정하지 않은 상태였다. 애초에 대학원에 입학할 수 있을지도 불분명했기에, 그 시점에서는 영국 대학원에 진학하는 것 자체가 목표였던 것이다.

처음 1년은 케임브리지에 있는 어학교에 다녔다. 마을 전체가 대학으로 둘러싸인 듯한 학구적인 마을이었는데, 한가로운 공기를 매일 마시며 지내던 어느 날, 문득 1년 후 이곳 대학원에 다니고 있는 나의 모습이 선명하게 떠올랐다. 유학의 목적이 케임브리지대학에서 공부하는 것으로 바뀌게 되었다. '케임브리지대학에서 공부하고 있는 나'를 떠올렸다. 그랬더니 요구되는 영어시험의 점수가 하나의 구체적인 목표가 되었다. 자신의 미래상을 선명하게 떠올리면서 목적을 설정했기에 결국 목표가 구체적이 되고 하루하루의 행동축이 명확해진 것이다.

이처럼 또렷한 미래상이 있을 때 비로소 목표가 명확해지고 주체성을 갖게 되며 지금 해야 할 일이 분명해진다. 미래상을 상상할 수 없을 때는 목표를 세워도 어느 순간 돌아보면 소멸되어버리고 만다.

자신의 미래상을 명확하게 상상하는 것이야말로 목적에 없어서는 안 될 필수조건이다. 평소 '해야 할 일'에 대한 생각은 수없이 하지만 '어떤 모습이어야 하는가?'를 생각하는 경우는 의외로 드물다. 여러분의 미래상은 '어떤 모습일까?'이므로 'be(상태)'다. 그리고 그것을 달성하기 위해서 '무엇을 해야 할까?'이므로 'do(행동)'이다. 무엇보다 'be'를 선명하게 상상하도록 하자.

명확한 목적과 목표를 갖는 것은 해야 할 일과 더불어 하지 말아야 할 일까지 정하는 것이다. 뱃살을 빼고 싶다면 케이크 같은 고지방의 음식은 먹지 않는다는 선택을 해야 한다. 판단의 근거가 생기면 고민할 여지가 사라지고 행동의 속도도 빨라진다.

'곧바로 행동하는 사람'은 1년 후, 3년 후, 5년 후, 10년 후 등 자신이 어떤 존재이고 싶은지를 의식하고 있다. 먼 미래의 일이라 분명한 이미지가 떠오르지 않는다면 무리하게 상상할 필요는 없다. 다만

1년 후나 3년 후의 자신은 어떤 모습일지 정도는 어렵지 않게 상상할 수 있을 것이다.

행동하는 습관을 가진 사람은 명확한 미래상을 떠올리며 목표를 세운다.

다음 날을 준비하는 사람
시간에 쫓겨 하루를 끝내는 사람

'곧바로 행동하는 사람'은 하루의 출발은 전날 밤에 정해지고, 일주일의 시작은 지난 주말에 정해진다고 믿는다. 뇌가 활발해지는 아침시간대에 최우선의 업무를 처리하면 하루가 탄력을 받으므로, 이 시간대를 풀로 활용함으로써 자신의 인생을 컨트롤하고 있다고 느끼기 때문이다.

계획 없이 매일 눈에 보이는 대로 그때그때 내키는 대로 일을 처리한다면, "깜빡했네!" 같은 일들이 얼마든지 벌어질 수 있다. 중대한 일을 잊고 있었다는 사실을 문득 알아차렸을 때는 기차는 이미 떠나버린 뒤다. 결국 이것도 해야 하고 저것도 해야 하고……, 뇌의 업무 메모리가 초과되어 스케줄 정리도 안 되고 의욕도 저하되고 만다.

　그런가 하면 당일 아침에 할 일 리스트를 적는 사람도 있는데, 이 또한 주의를 요한다. 그것은 '제 시간에 마칠 수 있을까?' '이것도 해야 하는데 잊고 있었네!' 등 생각한 것 이상으로 시간이 부족하다는 사실을 알고 결국에는 이러지도 저러지도 못한 상태에서 하루가 끝나버릴 수 있다.

　'곧바로 행동하는 사람'은 하루의 마지막이 다음 날의 시작이라고 생각하기 때문에 귀가 전에 자료를 정리하고 책상을 정돈한다. 그리고 다음 날 해야 할 업무리스트를 작성하여 우선순위를 정하고, 스케줄을 30분 단위로 일정을 조정하여 적어둔다. 그렇게 함으로써 다음 날 아침 바로 일에 착수할 수 있도록 두뇌와 마음의 준비를 해둔다. 이와 같은 습관이 배면 일의 효율성을 높일 수 있다.

　이렇게 하면 무엇보다 마음에 여유가 생긴다. 인간의 뇌는 수면 중에 내부를 정리하는데, 다음 날 일정을 확연하게 그릴 수 있도록 해두면 머릿속 정리가 훨씬 순조로워진다. 그렇게 되면 뇌는 맑고 상쾌한 상태로 아침을 맞이할 수 있다.

　머릿속이 가장 맑고 활발한 이른 아침의 효율적인 시간에는 워킹메모리의 여분을 풀가동시킬 수 있으므로, 우선순위가 높은 일에 집중할 수 있고 그 결과의 질 또한 극적으로 향상된다. 무엇을 할 것인가를 선택하고 의사결정을 하는 일은 뇌를 피곤하게 만들기 때문에 아침에 그러한 일을 하지 않아도 된다는 장점은 헤아릴 수 없이 크다.

다만 다음 날의 스케줄을 정할 때 주의할 사항이 한 가지 있다. 과도한 스케줄은 피해야 한다는 것이다. 여백을 반드시 남겨두어야 한다.

특히 요즘 같은 시대에는 예측불가능한 일들이 자꾸 발생하기 때문에, 그러한 일들이 발생했을 때를 대비한 여백이 필요하다. 여백이 없다는 것은 곧 대처할 여유가 없다는 것이므로 막상 그런 일이 닥치면 공황에 빠질 수 있다.

스케줄에 다소의 여백을 만들어둠으로써 "기획서를 쓸 계획이었는데, 예기치 못한 일이 벌어지고 말았다" 같은 당혹스러운 사태가 발생하더라도, 오후로 예정된 우선순위가 낮은 일을 다음 날로 조정하는 등의 대처를 할 수 있다.

나도 한때는 그날그날 생각나는 대로 일을 처리했는데, 지금 생각하면 잘 안 된 것이 당연했다. 마감이 코앞으로 닥친 일을 우선적으로 처리하게 되므로, 장기적이고 중요도가 높은 일은 자꾸 미루게 되고, 급한 일만 간신히 처리하는 악순환의 반복이었다.

그런데 많은 비즈니스 서적들을 읽으면서, 대부분의 성공자들은 우선순위가 높은 일을 아침에 처리한다는 사실을 알게 되었다. 또 아침에 무엇을 할지 미리 정해두는 것이 얼마나 중요한가도 알았다. 그 후로 나의 하루가 크게 달라졌다. 하루 24시간을 보내는 방법도 크게 달라졌다.

'곧바로 행동하는 사람'은 철저하게 아침을 디자인한다. 그러기 위해 다음날 '해야 할 업무리스트'를 작성하고 그 흐름을 머릿속에 그려둔다.

 행동하는 습관을 가진 사람은 여백이 있는 스케줄을 짜고 관리한다.

행동하는 습관

우선순위로 일을 추진하는 사람
문어발식으로 처리하는 사람

　너무 많은 일을 한꺼번에 끌어안는 바람에, 한 가지 업무에 매달려 있는 동안에도 다른 여러 가지 생각에 사로잡혀 복수의 일을 동시진행으로 추진하고 있지는 않은가? 그것은 결과적으로 어느 것 하나 온전하게 마무리 짓지도 못하고 불안만 증대시키는 원인이 된다. 그런 악순환에 빠지게 되면 산더미처럼 쌓인 미해결된 일들에 억눌리는 기분에 휩싸일 수 있다. 스탠포드대학의 한 연구에서도 복수의 업무를 처리하는 작업자는 성과가 저하된다는 사실이 밝혀졌다.

　'곧바로 행동하지 못하는 사람'은 못하는 상황을 정리하지 않은 채 오기와 끈기로 어떻게든 해보려고 하지만 결국 펑크 직전의 상태에 몰릴 수 있다. 그리고 그런 상황에서도 어떻게든 극복해보려 노력하는 경향이 있다. 앞에서도 언급했지만 너무 많은 선택지는 사람을 지치게 만들고, 집중력과 에너지를 빼앗아가는 큰 원인이 된다.

모든 것이 어중간한 상태가 되면 결코 좋은 결과를 얻을 수 없다. 기껏 노력한 보람도 없이 모든 것이 허사가 되는 것이다. '곧바로 행동하는 습관'을 들이기 위해서는 추진하던 일을 일단락 짓고 반드시 그 결과를 이끌어내도록 해야 한다.

'곧바로 행동하는 사람'은 해야 할 업무를 머릿속에서 끄집어내 일단 필기한다. 그렇게 작성한 업무 리스트에 우선순위를 정하는데, 그때 사용하는 지표가 자기에게 있어서의 중요도, 긴급도, 필요시간의 3가지다. 먼저 중요도와 긴급도를 이용해 우선순위를 정한다.

① 긴급하면서 중요한 일
② 긴급하지만 중요하지 않은 일
③ 긴급하진 않지만 중요한 일
④ 긴급하지도 중요하지도 않은 일

긴급하지도 중요하지도 않은 일(④)은 가능한 한 배제하는 것이 바람직하다. 예를 들면 '그냥 친구에게 연락해본다'와 같은 것이 여기에 해당한다. 메시지를 주고받는 시간이나 통화가 의미 없이 길어져서 진짜 중요한 일은 하지도 못한 적이 있을 것이다.

중요하면서 긴급도가 높은 일(①)부터 우선적으로 처리할 필요가 있다. 중요도가 높은 것들 중에서도 금방 끝낼 수 있는 일부터 먼저 처리함으로써 업무 진행에 리듬감이 붙을 수 있기 때문이다. 그런 다음 시간이 더 걸리는 일로 이동해간다.

②는 자기에게 그다지 가치는 없지만 꼭 해야 할 일이다. 중요도가 높지 않기 때문에 다른 사람에게 의뢰할 수 있는 일은 그렇게 하자. 돈으로 시간을 산다는 것은 바로 이런 경우를 말한다. 외주를 주거나 다른 사람을 고용함으로써 중요도가 높은 일에 자신의 시간을 할애하는 것이다.

그리고 우선순위를 정하는 데 있어 중요한 것이 ③이다. 이런 일은 아무래도 긴급도가 높지 않기 때문에 뒤로 미루기가 쉽다. 우선순위를 정해두지 않으면, 중요도가 높은 일임에도 서둘러 처리하지 않고 긴급도가 높은 일에만 쫓기는 매일을 보내게 될 수 있다. 그렇게 되지 않기 위해서라도 '곧바로 행동하는 사람'은 긴급도는 낮지만 중요한 업무에 시간을 할애하기 위해 우선순위를 정해둔다.

이처럼 자신의 업무를 4가지로 분류해보면, 자신이 얼마나 '중요도가 낮지만 긴급한 일'에만 매달려왔는지' 또는 '긴급도는 낮지만 나에게 중요도가 높은 일'에 할애할 시간을 제대로 확보하지 못했는지를 깨닫게 될 것이다.

'곧바로 행동하는 사람'은 자신의 에너지를 모든 일에 균등하게 분배하는 것이 아니라, 우선순위를 정해두고 보다 중요한 일에 더 많은 에너지를 집중시킨다. '곧바로 행동하는' 일은 의지와 에너지를 필요로 한다. 무의미한 일에 힘을 쏟을 필요는 없다. 집중한다는 것은 무엇을 버릴지를 정하는 일이기도 하다. 모든 일을 열심히 하기보다는 중요한 일을 열심히 하는 것이 필요하다. 우선순위를 정하고 중요도가 높은 일부터 실천하는 것이 성과로 이어지는 지름길이다.

 행동하는 습관을 가진 사람은 우선순위를 명확하게 정해서 일을 추진한다.

행동하는 습관

적극적으로 오프라인에서 찾는 사람
항상 온라인에 머무르는 사람

　지금처럼 편리한 시대도 없을 것이다. 알아보고 싶은 것이 있으면 바로 스마트폰이나 컴퓨터로 검색할 수 있고, 언제 어디서나 친구와 가족에게 연락을 취할 수 있다.

　"이러다 나 혼자 뒤처지는 게 아닐까?"

　"빨리 답하지 않으면 나에 대해 나쁜 인상을 주게 될지 몰라."

　세계적으로 '노모포비아'라는 현상이 만연해 있는데, 이는 'no mobile phobia'라의 줄임말로 손에서 휴대전화나 스마트폰을 내려놓지 못하는 증상을 가리킨다. 심리학자 아브라함 마슬로우도 제창했듯이 사회와 연결되어 있다는 감각은 인간의 기본적인 욕구 중 하나이므로, 휴대폰과 같은 기기와의 분리를 두려하는 사람이 증가하고 있다는 것은 어느 정도 이해가 간다.

또 이런 스마트폰이나 컴퓨터가 갖는 '언제나' '즉시'와 같은 장점들이 우리의 삶에 쾌적함을 가져다준다. 하지만 반면에 그로 인해 행동에 계획성이 없어지고 충동적인 사람이 증가하고 있다는 것도 사실이다. 특히 사람은 시각에 의한 인풋에 영향을 받기 쉬운데, 순간 눈에 띄는 것으로 인해 충동적인 행동을 하는 경우가 많다. 일이나 공부에 집중해야 할 때조차 메일이나 메시지의 착신신호가 깜빡이면 저도 모르게 손이 가고 만다. 그 때문에 집중하려던 일에 집중할 수 없게 되고, 아차 하는 순간 그것에 장시간을 허비하고 만다.

원래는 정보를 입수하거나 누군가와 연락을 취하거나 서류를 작성하고 관리하기 위한 도구였던 IT 기기에 인간이 오히려 지배돼버리면, 하려던 일 혹은 꼭 해야 할 일들이 은연중에 뒤처지거나 버려지게 된다.

'곧바로 행동하지 못하는 사람'은 그러한 도구에 휘둘리지만 '곧바로 행동하는 사람'은 규칙을 정해두고 온라인과 오프라인을 효율적으로 양립하여 사용한다. 그렇다면 '곧바로 행동하는 사람'은 어떤 규칙을 세워두고 있을까?

예컨대 어떤 일을 단번에 처리하고 싶을 때나 집중하고 싶을 때, 그들은 컴퓨터의 메일창을 닫고 스마트폰은 비행기모드로 바꿔 책상서랍이나 다른 방에 둠으로써 시야에서 멀어지게 한다. 아무래도 눈에 보이면 자꾸자꾸 손이 가게 마련이기 때문이다. 정신력이 아니라 물리적으로 그것을 격리시키는 것이 효과적이다.

또 SNS는 매번 로그인을 하도록 설정해둠으로써 사용빈도를 줄일 수 있다. 매번 로그인을 해야 하는 수고가 귀찮아서라도 필요할 때가 아니면 SNS를 열지 않게 된다. 스마트폰의 경우에는 정말 필요한 애플리케이션 이외의 것은 정기적으로 삭제하도록 한다.

"그러고 보니 요즘 그걸 안 봤네!" 문득 이런 생각이 스치면, 집안 정리를 하다 말고 옛날 앨범을 펼쳐보는 것과 마찬가지로, 스마트폰을 집어 들고 불필요하게 시간을 낭비하게 되기 때문이다.

간혹 수험생을 지도할 때가 있는데, 노력한 만큼 성적을 잘 내는 학생들의 대부분은 SNS의 계정을 삭제함으로써 자기도 모르게 SNS로 시간을 낭비하는 습관을 강제적으로 배제한다. 또 반드시 필요한 것을 제외하고는 알림서비스도 OFF로 설정해둔다. 물론 꼭 필요한 것까지 OFF로 했다가 일에 지장이 생기면 안 되겠지만, 가급적이면 필요를 최소화할 필요는 있다.

단번에 처리하지 않으면 안 되는 일이나 실수를 줄이기 위해서는 역시 의지가 필요하다. 기껏 의기투합해서 일을 시작하려고 결심한 순간, 어떤 방해요소에 허망하게 넘어가버리면 일은 자연히 뒤로 미뤄질 수밖에 없다. 편리함의 대가로 충동적이 되지 않도록 디바이스를 관리하는 것도 환경 만들기의 일환이다.

 행동하는 습관을 가진 사람은 물리적으로 '연결되지 않은 상태'를 만들어둔다.

만족형인 사람
극대형인 사람

어떤 시험에서 80점이 합격점이라고 하자. 여러분은 80점을 목표로 삼을 것인가? 아니면 100점을 목표로 삼을 것인가?

미국의 심리학자 배리 슈왈츠 박사에 따르면, 우리 인간은 자기에게 최고인 선택을 바라는 '극대형'과 적정한 선에서도 만족하는 '만족형' 2가지로 나뉜다고 한다.

극대형 인간은 만점을 지향하는 스타일이므로 하나하나 비교하고 망설이고 고민한다. 힘들게 어떤 한 가지를 선택해놓고도 '다른 게 더 좋지 않을까?'라며 만족할 줄 모른다. 어디 그뿐인가? "에이, 더 잘할 수 있었는데!"라며 후회하는 일도 많다.

그보다 더 큰 문제는 고민하고 방황하는 시간이 길어서 행동을

행동하는 습관

하기까지 너무 오랜 시간을 허비하거나, 경우에 따라서는 끝내 행동하지 못하는 경우조차 있다는 것이다.

'곧바로 행동하지 못하는 사람'의 특징 중 하나로 완벽주의를 지향한다는 것을 들 수 있다. 물론 누구나 100점을 맞으면 기분 좋고 완벽한 것을 동경하기 마련이다.

하지만 그런 사고가 큰 장애물이 되어 행동을 방해할 수 있다는 사실도 알아야 한다. 한 가지 일이 끝난 뒤에도 그것에 대해 "이렇게 할 걸. 왜 그렇게 안 했지?"라며 후회하고 고민하면 다음 일 처리조차 지연되고 만다.

'곧바로 행동하는 사람'은 적당히 한다는 것의 중요성을 잘 알고 있다. 이른바 만족형 인간인데, 80점으로 충분한 일이면 80점만 맞아도 된다고 생각하므로 행동이 빨라진다. 우리의 일상 중에서 100점을 요구하는 것은 제한되어 있다. 그러므로 '곧바로 행동하는 사람'은 먼저 합격점을 설정한다.

가령 회의의 의사록을 작성할 때도 단어 하나 글자 하나도 빠트리지 않는 100점짜리 의사록을 작성하느냐, 요점을 정리한 80점짜리를 작성하느냐, 즉 어느 쪽이 더 필요한가를 먼저 정한다. 글자 하나도 누락되지 않은 의사록은 언뜻 보기에 100점짜리로 보일지 모르지만, 반대로 요점을 파악하기 어려워 그것을 읽는 사람에게는 30점짜리밖에 안 될지 모른다. 반대로 80점짜리 의사록이 읽는 이에게는 오히려 100점일 수 있다.

상대방의 기대를 웃돈다는 의미에서도 85점이면 충분하다. 그 이상은 결과적으로 필요 이상의 시간과 노력을 들인 셈이 된다. 그 때문에 시간을 낭비하고 머리를 혹사시킨다면 신속하게 일을 처리할 수 없다.

'곧바로 행동하는 사람'은 맨 처음 목적을 정하고 합격점을 정한 뒤, 그 점수를 확보하기 위해 최소한의 필요한 노력만 들인다. 예컨대 신속하게 80점짜리 결과물을 가지고 상사에게 확인을 받은 뒤 부족한 것이 있으면 그때 가서 보충하면 된다. 다시 말해서 개선할 점이 있으면 그때그때 개선하면 된다는 마음가짐이 필요하다.

내가 수많은 사람을 가르치면서 느낀 것은, '성장하는 사람'과 '그렇지 못하는 사람'을 비교했을 때 '성장하는 사람'은 대충이라도 좋으니까 일단 도전해본다는 사실이다. 그리고 개선에 개선을 더해 가면서 합격점을 달성해낸다.

이것은 페인트칠을 할 때와 같은 느낌이다. 단번에 완벽하게 칠하는 것이 아니라 몇 번씩 덧칠하면서 뭉친 데 없이 골고루 칠한다는 느낌이다.

반면 '성장하지 못하는 사람'은 한 번에 모든 것을 끝내려고 하는 경향 때문에 결국 요점도 찾지 못하고 끝내고 만다. 그러므로 어디에 주력해야 좋을지도 모르고 행동력 또한 둔해진다.

물론 100점이 아니면 안 되는 일도 있다. 계산대에서 잔돈을 남겨줄 때, 80점 정도의 감각으로 대충 계산하면 누구라도 화를 낼 수밖에 없다. 이렇듯 업무 내용에 따라 각각의 합격점이 다르므로, 일단 명확한 합격점을 정하고 그것을 만족시키는 것이 여러분에게 있어 '100점'이라는 사실을 기억해두기 바란다.

 행동하는 습관을 가진 사람은 합격점을 정해두고,
그 합격점만 웃돌면 된다고 생각하고 행동한다.

기준이 명확한 사람
기준을 마지못해 받아들인 사람

'업무 리스트'를 작성하는 사람은 많다. 이것도 해야 하고 저것도 해야 하고, 겨우 하나를 끝냈더니 또 할 일이 이렇게나 많네 등 해야 할 일은 끝이 없다. 다만 하루하루 할 일에 쫓기다 보면 정말 필요한 일이 아닌 일까지 저도 모르게 처리하느라 결국 하루가 48시간이라도 부족할 지경이 되고 만다.

그래서 '곧바로 행동하는 사람'은 해야 할 일뿐만 아니라 안 해도 될 일까지 정한다. 안 할 일을 분명하게 정해둠으로써 일 앞에서 고민할 일도 없어지고, 불필요한 선택으로 뇌에 부담도 주지 않는다. 또 안 해도 되는 일에 시간을 빼앗기지 않기 때문에 원래 해야 할 일에 충분한 시간을 할애할 수 있다.

- 텔레비전 방송은 녹화하고 방송시간에 보지 않는다.
- 러시아워에 전철을 타지 않는다.
- 지방질 20그램 이상인 것은 먹지 않는다(다이어트 때만).
- 24시 이후에 자지 않는다.
- 남의 흉을 보지 않는다.

이것들은 내가 정해둔 '안 해도 될 일 리스트'의 일부다. 안 하기로 정했기에 할까 말까를 놓고 고민할 필요가 없다.

'곧바로 행동하는 사람'은 안 해도 되는 일의 기준을 확실하게 정해둠으로써 타인에게도 분명히 'NO!'라고 말할 수 있다. 자신의 인생을 컨트롤하고 있다는 감각을 유지하기 위해서는 정신의 자유가 반드시 필요하다. 이를 가능하게 하는 것이 거절하는 힘이다.

그러므로 '곧바로 행동하는 사람'은 거절하는 속도가 빠르다. 그렇다고 그들이 자기본위에서 타인의 제안을 거절하는 것은 아니다. 솔직하게 거절하는 업무뿐 아니라 인간관계 또한 순탄하다는 사실을 알고 있기 때문이다. 속으로는 싫으면서도 차마 거절하지 못하고 결단을 미루다가 결국 거절하는 프로세스를 밟는 것은 상대방에게 헛된 기대를 갖게 하는 행위다. 그러므로 '곧바로 행동하는 사람'은 솔직하게 "지금은 필요하지 않습니다" "이 제안은 받아들일 수 없습니다"라고 곧장 답변을 한다. 이는 상대방을 존중하기에 가능한 행동이다.

한편 임상심리학자인 린다 틸먼은 "특히 자신감이 없는 사람일

수록 'NO'라고 말하지 못하고 결국 'YES'라고 말하는 습관이 있다" 라고 말하는데, '곧바로 행동하지 못하는 사람'은 거절에 큰 저항감을 갖는다. 제대로 거절하지 못하면 결국 자유를 빼앗긴 듯 몸도 마음도 무거워지고 갈수록 '못하는 악순환'에 빠지고 만다.

'정말 싫은데……'라고 생각하면서 마지못해 의뢰를 받아들이면, 언젠가 또 같은 의뢰를 받게 되거나 경우에 따라서는 더한 의뢰를 받게 될 가능성도 얼마든지 있을 수 있다. 그것이야말로 '못하는 악순환'의 최악의 결과다.

미국의 투자가 워런 버핏은 "대부분의 것에 No라고 말한다"라는 명언을 남겼고, 스티브 잡스는 "인생의 시간은 한정되어 있다. 누군가를 위한 인생을 사느라 자신의 내면의 소리를 지워버려서는 안 된다"라고 말했다.

거절하는 것은 단기적으로 보면 마이너스 영향이 커보일지 모르지만, 장기적으로 보면 다른 형태의 좋은 관계성을 지속시킬 수 있는 기회가 생성되는 일이다. 거절했다고 해서 서로의 관계가 끝나는 것도 아니다. 상대방을 거절하는 것이 아니라 그의 제안을 거절하는 것이기 때문이다.

'곧바로 행동하지 못하는 사람'은 안 해도 되는 일에 휘둘려서 에너지를 소모하고 스트레스를 축적함으로써 원래 해야 할 일을 위한 에너지를 빼앗겨버리고 만다. 그리고 이것이 할 일을 뒤로 미루는 원인이 된다.

안 해도 되는 일의 기준이 명확하게 서 있지 않은 사람은 '업무

행동하는 습관

리스트'와 마찬가지로 '안 해도 되는 일 리스트'를 작성해보자. 시간과 에너지를 유효하게 활용하는 감각을 되찾을 수 있을 것이다.

행동하는 습관을 가진 사람은 서둘러 안 해도 되는 일을 정해두고 그것을 엄수한다.

7장

행동하는 습관을 가진 사람의

추진력은 남다르다

모방을 주저하지 않는 사람
독창성에 연연하는 사람

　여러분에게는 본보기라고 부를 만한 존재가 있는가? 그리고 그로부터 얼마나 배우고 얼마나 모방하고 있는가?

　'곧바로 행동하는 사람'은 모방하는 것을 싫어하지 않고 그것을 통해 기술과 지식 등을 습득한다. 오치아이 히로미쓰는 자신의 저서 《지휘》에서 "자기가 좋다고 생각하는 것을 모방하고 반복적으로 연습함으로써 자기의 것으로 만들어 가는 것이 기술이 아닐까. 모방이란 그야말로 일류선수가 되는 첫걸음이다. 중요한 것은 누가 처음 그것을 했는가가 아니라 누가 그 방법으로 성공했느냐다"라고 말한다. 그의 말처럼 기술이나 지식을 습득하기로 했다면 먼저 본보기가 필요하다. 심리학에서는 '모델링'이라고 흔히 말하는데 본보기를 모방하는 것이 성장의 첫걸음이 된다.

본보기를 찾았다면 그의 사고방식과 행동을 꼼꼼히 관찰한다. 사고방식은 표면적으로 파악하기 힘들 때도 있으므로 본보기가 되는 사람에게 질문을 던진다. 그런 다음 자신이 배우고 싶은 것을 철저하게 모방한다. 그렇다고 독창성을 발휘해서는 절대 안 된다는 법은 없다. 다만 자신의 것을 일단 버리고 모방, 즉 따라 하면 된다. 그것이 모든 것의 시작이다.

예컨대 레시피를 떠올려보자. 재료나 순서가 자세하게 설명되어 있는데, 이것은 바로 성공적으로 만든 사람의 흉내를 낼 수 있게 하기 위한 것이다. 만들어보고 맛있었다면 다시 도전한다. 이것을 반복하는 동안 레시피를 안 보고도 만들 수 있게 되고, 그러한 가짓수를 늘려가다 보면 어느새 이것저것 조합해보며 변형도 가능해진다.

그런데 요리라곤 해본 적이 없는 사람이 레시피도 전혀 안 보고 케이크를 굽는다면 어떻게 될까? 그처럼 무모한 일이 또 있을까. 어디서부터 시작해야 할지, 무엇이 필요한지, 전체의 흐름이 어떻게 되는지도 결코 만만하지 않다. 그렇게 모르는 것 투성이라 결국엔 못하고 포기한다.

수파리守破離라는 말을 들어본 적이 있는가? 무도나 차도 등을 연마하는 단계를 일컫는 말이다. '수守'란 배운 것을 철저하게 모방하는 단계, 즉 모델링 단계다. '파破'는 '수'의 단계에서 형식을 습득한 것에 나라면 이렇게 하겠다는 자신의 생각을 보태어 형태에 변형을

　　　　　　　　　　　　　　　　　　行動하는 습관

가미하는 것이다. '리離'는 독창성을 확립해가는 단계를 일컫는다.

'곧바로 행동하는 사람'은 기본을 소중하게 여긴다. 무슨 일에서든 시작이 중요하다. 무턱대고 자기 방식을 고집하면 이상한 형태가 몸에 배고 말기 때문이다. 일단 몸에 밴 습관이나 형태는 고치거나 제거하기가 어렵다. 그러므로 처음에 좋은 형태를 습득하도록 힘써야 한다. 좋은 형태를 몸에 익히기 위해서는 모방하는 것이 효과적이다.

'곧바로 행동하지 못하는 사람'은 모방하는 것에 저항감을 느낀다. 모방을 해서는 안 된다고 생각하기도 한다. 그런 생각이 지나치면 기껏 좋은 본보기를 눈앞에 두고도 아무것도 안 한 채 끝나버리고 만다. 뭔가를 시작했다 하더라도 금방 한계에 부딪쳐 좌절로 끝나버리는 경우도 있다. 모방이라는 기초를 건너뛰는 것은 제로에서부터 자기 스스로 모든 것을 생각하지 않으면 안 된다는 것을 의미한다. 그만큼 할 일이 몇 배는 더 늘어나게 된다.

흔히들 0을 1로 바꾸는 것은 1을 10으로 바꾸는 것보다 어렵다고 말한다. 자전거를 탈 때도 처음 페달을 밟을 때가 제일 힘들다. 무슨 일이든 스타트는 에너지와 용기를 필요로 한다. 그런 만큼 일단 성공한 사람을 모방해볼 일이다. 그렇게 하면 좋은 스타트를 끊을 수 있다. 좋은 본보기가 있으면 일단은 따라 하여 감을 터득하는 일에 저항감을 느껴서는 안 된다.

심리학에서도 모델링은 성장하기 위해 필요불가결한 요소라고 말한다. 자신의 개성은 우선 봉인해두고 순순히 모방을 해보자. 주

저하지 말고 철저하게 모방하자. 그것이 큰 첫걸음이 된다는 것은 역대의 '곧바로 행동하는 프로페셔널'들이 이미 증명한 사실이다.

행동하는 습관을 가진 사람은 처음에 '좋은 틀'을 습득하는 일에 주력한다.

구성원이 누구인가로
모임을 선택하는 사람
무엇을 배우는가로
모임을 선택하는 사람

우리는 끊임없이 성장하기 위해 학습을 지속해야 한다는 사실을 잘 알고 있다. 물론 무엇을 배울 수 있는가는 중요한 일이다. 하지만 배우는 데 있어 어떤 동료를 선택할 것인가는 최종적으로 어떤 인생을 선택하느냐와 직결되므로 더 중요하다. 그래서 '곧바로 행동하는 사람'은 무엇을 배울까보다 누구와 배울까를 더 중시한다.

요즘은 무료 세미나 등이 넘치는 시대라 잘만 이용하면 얼마든지 배울 수 있다. 다만 유료 세미나와 다른 점은 모이는 사람의 질이다. 돈을 지불하고서라도 오는 사람은 그만큼 배우려는 의욕이 높고 성과를 끌어내겠다는 의지가 높다. 무료인 경우에는 지출이 없는 만큼 희생을 치를 필요가 없다. 따라서 본전을 생각할 필요가 없다. 반면 돈을 내고라도 배우고 싶은 사람은 그만큼 희생을 치르기 때문에 배운 것을 어떻게든 성과로 연결짓고 싶어 한다.

캐나다인 심리학자 알버트 반듀라는 환경에 대해 다음과 같은 실험을 했다. 아이들을 두 그룹으로 나눠 그룹 A에는 한 어른이 '인형'에 폭력을 휘두르는 장면을, 그룹 B에는 한 어른이 평범하게 놀고 있는 장면을 보여주었다. 그런 다음 각 그룹의 아이들을 한 명씩 장난감 방에 들여보내고 그들의 행동을 촬영하였다. 그 결과, 그룹 A의 아이들은 그룹 B의 아이들에 비해 눈에 띄게 공격적이었다.

그 실험을 통해 관찰학습이 우리에게 큰 영향을 미친다는 결론을 이끌어냈다. 다른 실험에서도 애니메이션보다 텔레비전이, 텔레비전보다 실제 체험이 더 큰 영향력을 발휘한다는 사실이 밝혀졌다. 즉, 우리는 환경에 큰 영향을 받는다. 평소 당연하게 바라보는 환경에 영향을 받는 것이다.

의지가 약한 사람들과 함께 있으면 자연히 자기의 의지도 약해질 우려가 있다. '이 정도면 되겠지'라고 타협하고 만다. 누구와 함께 배우느냐에 따라 그 환경이 행동의 기준으로 작용하기 때문이다. '이 정도면 되겠지'라는 생각을 갖는다면 여러분 스스로가 성장의 기회를 포기하는 셈이 된다.

의지력이 강하고 스스로 무엇이든 척척 해내는 사람에게는 별문제가 아닐지도 모른다. 하지만 나를 비롯한 대부분의 사람은 그렇지 못하다. 세월아 네월아 하는 사람들 속에 있다가는 결국 '곧바로 행동하지 못하는 사람'이 되고 말 것이다.

행동력이 높은 사람들 틈에 들어가는 것은 크나큰 모티베이션을 낳는다. 관찰학습이란 다른 사람의 행동을 보는 것만으로 그 행동을 학습하는 것을 말한다.

다시 말해 다른 사람의 행동이나 그것의 결과를 모델로 관찰함으로써 관찰하는 사람의 행동에 변화가 발생한다. 그러므로 다른 사람이 어떤 일에 있어서 성공을 하거나 좋은 결과를 얻는 모습을 지켜보면, 우리의 자기 효능감(나는 할 수 있다는 감각)도 고양되고 행동력 향상과도 직결된다. 이를 심리학에서는 '대리강화'라고 하는데, 누구와 함께 배우는가는 우리의 성장에는 물론이고 행동에도 영향을 미친다.

나도 책을 쓰고 싶은 마음에, 작가를 꿈꾸는 사람을 대상으로 하는 세미나에 다닌 적이 있다. 확실히 돈은 들지만, 의지가 강한 사람들을 만날 수 있는 행운을 얻었기 때문에 대가를 치른 셈이라고 생각한다. 정말 책을 쓰고 싶은 사람들만 모였다. 오사카에서 개최되는 세미나임에도 도쿄나 나고야 등에서 온 사람들도 있었다. 그처럼 절차탁마할 수 있는 환경에 나를 세워두면 미적거리고 있을 여유조차 없다. 대신 할 수밖에 없는 환경을 확보할 수 있다.

할 수밖에 없는 환경을 만드는 것은 '곧바로 행동하는 사람'에게는 불가결한 요소다. 그러므로 무엇을 배울까도 중요하지만, 누구와 배울 것인지와 절차탁마할 수 있는 환경을 찾는 일에 신경 써야 한다.

행동하는 습관을 가진 사람은 행동력이 높은 사람들 틈에 자신을
둔다.

기록을 중요시하는 사람
기억에 의존하는 사람

　너구리가 주렁주렁 열린 먹음직스런 포도를 발견하고 먹으려고 폴짝폴짝 뛰어오른다. 포도는 하나같이 높은 곳에 열려서 아무리 뛰어도 팔이 닿지 않는다. 그때 너구리는 어떻게 했을까? 화도 나고 속도 상해서 "에이, 이딴 포도, 시고 맛도 없을 게 분명해!"라며 따먹지 못한 것을 정당화하며 그 포도를 포기한다.

　이야기 속 너구리처럼 우리도 자신의 욕구와 현실의 갭을 자기에게 유리한 이론으로 어떻게든 메우려고 한다. 이런 것을 심리학에서는 '신포도 이론'이라고 부르는데, 우리에게는 자존심을 지키기 위해 현실을 자신에게 유리한 쪽으로 왜곡하여 인식하는 경향이 있다. 이러한 메커니즘 덕분에 힘들고 분했던 일로 인한 불쾌한 마음을 정리하고 기분전환을 할 수 있다. 하지만 한편으로는 그 왜곡된 현실이 기억에서도 여전히 왜곡된 채 남아 있고, 결국 자기 내면에 '그것은 그렇다'라는 왜곡된 기억으로 정착되어버릴 우려가 있다.

가령 신용카드 청구서를 보고 "이렇게나 많이 썼나?"라고 깜짝 놀랐던 경험은 누구나 가지고 있을 것이다. 사람의 기억이란 참으로 오묘해서 자기에게 관대한 쪽으로 왜곡된다. 그리고 현실을 직시하게 됐을 때 그 갭에 화들짝 놀란다.

열심히 하고 있다고, 다이어트하고 있다고, 절약하고 있다고, 공부하고 있다고…… '생각해'와 같이 '~라고 생각해' 만큼 두려운 것은 없다.

미국의 인지심리학자 엘리자베스 로프터스의 '기억의 픽션성'에 대한 TED 프레젠테이션은 아주 유명하다. 그녀는 자신의 실험에서 사고현장의 사진 두 장을 그룹에게 보여준다. 첫 번째 그룹에게는 '부딪쳤다'고 설명하고, 다른 그룹에게는 '격돌했다'고 설명했다. 그 결과 '격돌했다'는 설명을 들은 그룹이 사태를 더 크게 받아들였다. 사고를 일으킨 차의 속도를 더 높게 말하는가 하면 창유리가 깨졌다고까지 말했다고 한다. 실제로 창유리는 전혀 깨지지 않았는데도 말이다. 기억은 왜곡된다. 제멋대로 해석을 더하기도 하고 자기 좋은 쪽으로 해석하는 것이 기억이다.

또 '나는 할 수 있다'는 감각인 '자기 효능감'을 높이고 '곧바로 행동하는 파워'를 키우기 위해 할 수 있는 일 중 한 가지는 '진척상황을 관리'하는 것이다.

행동하는 습관

이상과 현실의 갭을 가능한 한 정확하게 파악하고 매일을 컨트롤하고 있다는 감각을 갖기 위해서 '곧바로 행동하는 사람'들은 빠짐없이 일기 등 기록하는 습관을 가지고 있다. 매일 현실과 직면하는 습관을 갖지 않으면, 아차 하는 순간 현실과 이상의 갭이 너무 커져서 수습할 수 없는, 어떻게 해야 좋을지 답이 없는 사태를 초래할 수 있기 때문이다.

일본축구의 전 국가대표 나카무라 슌스케 선수의 대명사는 '예술적인 프리킥'일 것이다. 내가 케임브리지에서 유학하던 2006년 9월 13일이었다. 스코틀랜드 셀틱 소속이었던 나카무라 선수는 챔피언스리그에서 맨체스터 유나이티드를 상대로 예술적인 프리킥으로 점수를 따냈다. 그때의 장면은 호스트패밀리의 집에서 시청하고 있던 나를 미치게 만들 정도로 환상적이었다.

그런데 세계를 뒤흔들었던 나카무라 선수의 그 골의 이면에는 '축구 노트'라는 엄청난 존재가 숨어 있었다. 나카무라 선수는 고등학생 시절 큰 좌절감을 맛본 적이 있는데, 그 무렵부터 축구 노트를 꾸준히 써오고 있다고 한다. 목표, 과제, 반성 등의 기록은 물론이고 불안, 고독, 자신감 등의 감정까지 매일매일의 기분을 솔직하게 작성한 노트다.

'곧바로 행동하는 사람'은 기록을 내일을 위한 모티베이션의 토대라고 생각한다. 나는 A6 크기의 작은 공책을 사용하는데, 메모장이나 메모어플도 상관없다.

일단 사소한 것도 기록하는 습관을 갖도록 하자. 기록하는 것은

현실을 객관적으로 직시할 수 있는 절호의 기회이고, 다음 행동을
이끌어내는 견인역할을 할 것이다.

행동하는 습관을 가진 사람은 지금의 자신을 기록하고, 그것을
다음 행동을 위한 스텝으로 삼는다.

아웃풋으로 두뇌를 연마하는 사람
인풋만 하는 사람

여러분은 정보의 발신자인가? 배운 것을 혼자만 알지 않고 다른 누군가에게 전달하는가? '곧바로 행동하는 사람'은 적극적으로 아웃풋한다. 터득한 정보나 지식을 아웃풋함으로써 배움의 질을 높일 수 있을 뿐 아니라, 더 나은 배움을 낳을 수 있기 때문이다.

나는 현재 10개 학교가 넘는 대학에서 강의를 하고 있다. 대부분의 학생이 잘 알겠다는 듯 고개를 끄덕거리며 강의를 듣고, 고맙게도 '정말 이해하기 쉬운 설명이었다'는 피드백을 주는 학생이 많다. 물론 그들의 피드백처럼 내 강의를 잘 이해하고 있으리라 생각하지만, 내 강의의 목적은 학생들이 기술을 익히고 스스로도 할 수 있는 실력을 쌓게 하는 것이다.

그렇기 때문에 반드시 손을 움직여서 배운 것을 아웃풋하도록 지도하고 있다. 그런데 그때 보면 이해했다고 생각했지만 사실은 아니었던 것들이 속속 드러난다. 이해했다고 착각한 채로 내버려두면 어떻게 될까? 생각하는 것만으로도 아찔하다.

접수한 정보나 배운 것은 수동적으로 받아들이고만 말 것이 아니라, 적극적으로 아웃풋했을 때 비로소 내 것이 된다. 그렇다고 반드시 특정한 누구에게 가르쳐야 할 필요는 없다. 요즘 같으면 SNS 등을 통해 정보를 발신하는 것도 좋은 방법이다.

그런데 일단 아웃풋하기 위해서는 머릿속을 정리하지 않으면 안 된다. 아웃풋을 시도하는 것 자체로 작은 의문점까지도 재차 확인하게 되므로 배움이나 지식의 질도 향상된다. 경우에 따라서 그 지식은 도움이 안 된다는 결론에 이를지도 모른다. 정보나 지식을 흡수했다면 한 차례 비워낼 필요가 있다. 비워냄으로써 흡수력은 보다 상승한다. 스펀지와 마찬가지로 물을 듬뿍 흡수하면 짜내지 않는 한 더 이상 흡수할 수 없기 때문이다. 그래도 인간의 뇌는 흡수한 것을 짜낸다고 해서 지식과 정보가 아예 사라지는 것이 아니라 그것을 요약하고 중요한 것을 남기도록 작용한다.

그리고 아웃풋할 것을 의식하고 있기 때문에 인풋의 질이 향상된다. 이 책을 쓴다는 아웃풋을 의식하였기에 '곧바로 행동하는 사람'과 '곧바로 행동하지 못하는 사람'의 차이가 어떤 것인지를 여느 때보다 신중하고 철저하게 생각할 수 있었다.

심리학자인 콜린 체리가 제창한 '칵테일파티 효과'를 들어본 적이 있는가? '선택적 주의'라고도 하는데, 가령 붐비는 카페 등 사방이 시끌벅적한 장소에서도 자신의 이름이 불리면 금방 알아듣고, 누군가가 자기 이야기를 하면 어떤 일을 하다가도 귀가 쫑긋 세워지는 것이 이에 해당한다. 이런 현상을 심리학에서는 '칵테일파티 효과'라고 부른다.

집에서 텔레비전을 켜둔 채 서류를 본다고 하자. 텔레비전을 BGM 정도로밖에 생각하지 않았음에도 불구하고 자신이 좋아하는 배우의 목소리가 들리면 의식은 단번에 텔레비전으로 향하게 된다. 이런 것을 바로 '칵테일파티 효과'라고 할 수 있다.

일상생활에서 발생하는 모든 것을 균등하게 받아들인다고 느끼지만, 사실 우리의 뇌는 의식한 것만을 선택하여 받아들인다. 특히 자신과 관련된 정보에 더 주의를 기울인다. 바꿔 말하면 의식하지 않은 것에는 주의를 기울이지 않는다는 말이다.

관심 있는 분야, 잘하는 분야에 대해 정보나 지식을 누군가에게 전달하고 공유하는, 즉 아웃풋하는 습관을 들이자. 그것만으로도 여러분이 취득할 수 있는 정보는 확대되고 배움은 깊어진다.

 행동하는 습관을 가진 사람은 아무리 사소한 것이라도 아웃풋을 한다.

빨간 펜을 쥐고 독서하는 사람
그냥 독서하는 사람

여러분은 책을 읽을 때 어떤 식으로 읽는가? 중요하거나 감동적인 부분이 나오면 책 모서리를 접거나 포스트잇을 붙이거나 빨간펜이나 파란펜을 사용하는 등 여러 가지 방법으로 자기 나름의 표시를 하는 사람들이 있을 것이다.

'곧바로 행동하는 사람'과 '곧바로 행동하지 못하는 사람'은 책을 읽는 방법에서도 차이가 난다. 책을 읽는 것은 인풋의 행위로 몰랐던 정보를 자기 안에 받아들이는 작업에 지나지 않는다. 그런데 '곧바로 행동하지 못하는 사람'은 여기에서 멈추고 마는 경향이 있다.

사실은 책을 읽는 것이 목적이 아니다. 진짜 목적은 책을 통해 받아들인 정보를 일상생활에 활용하고 업무에 활용하는 것이다. 즉,

아웃풋으로 연결시키는 것이 책읽기의 진짜 목적이다.

'곧바로 행동하는 사람'은 항상 아웃풋을 위한 안테나를 세워두고 있으므로 책을 읽을 때도 어떤 식으로 아웃풋할 것인가를 생각하면서 읽는다.

"아~ 이건 몰랐네!"

"다음에 실험해봐야겠다"

이런 식의 독서법으로는 인풋한 것이 아웃풋으로 연결되지 못한다. 이것이 '곧바로 행동하지 못하는 사람' 즉 책을 읽는 것만으로 만족하고 마는 사람의 특징이다. 그렇다면 '곧바로 행동하는 사람'이 되기 위해서는 어떤 독서법이 있을까?

그것은 빨간펜을 사용하는 것이다. 책을 읽으면서 빨간펜을 들고 나라면 어떻게 할까를 메모장에 적거나, 가끔은 책에 직접 적어가면서 읽는다.

또 색깔은 분위기에 영향을 미친다. 빨간색은 활력과 정열을 떠올리게 하는 색으로 행동력을 북돋아주는 효과가 있다. 할인광고나 POP에 빨간색 글자가 많은 것은, 빨간색을 넣고 안 넣고에 따라 매출이 약 20%나 차이가 난다는 것이 마케팅 세계에서는 기정사실로 알려져 있기 때문이다. 그만큼 빨간색은 구매 행동을 촉구한다.

영국의 더럼대학의 러셀 힐 교수와 로버트 버튼 교수의 연구에 따르면, 의복 색깔은 운동선수의 성과에 영향을 미친다고 한다. 4가지 스포츠경기를 연구한 결과, 빨간색 유니폼을 입은 쪽이 더 좋은 성과를 발휘한다는 사실을 밝혀냈다. 즉 빨간색이 선수에게 활력을 부여한다는 것이다.

독서를 통해 입수한 정보를 어떤 식으로 생활이나 업무에 활용할까를 빨간펜을 이용해 행동 위주로 기록하는 습관을 갖는다면, 지금 이상으로 독서가 효과를 발휘하게 될 것이다.

한편 청색은 집중력을 높이는 효과가 있는 색이다. 정보나 공부한 내용을 정리하거나 암기할 때에는 파란펜이 효과적이라고 한다. 파란색에는 심신을 차분하게 하고 집중력을 돕는 효과가 있으므로, 단순작업을 할 때 집중력을 유지하기에 좋다.

행동력을 높이기 위해서는 빨간색을, 생각을 정리할 때는 파란색을 활용하자. 이를 효과적으로 분리 이용하면 독서의 효과를 높일 수 있다. '행동력의 빨강' '집중력의 파랑'과 같이, 색깔은 시각을 통해 우리에게 여러 가지 영향을 미친다. 여러분도 색깔을 잘 이용해 행동력을 높이길 바란다.

행동하는 습관을 가진 사람은 책을 읽고 끝내는 것이 아니라 그것을 행동에 활용한다.

복습으로 기억하는 사람
기억력에 의존하는 사람

　여러분은 암기를 잘하는가? 암기에 자신이 없는 사람은 한둘이 아닐 것이다. 연수나 강의 등에서도 기억해야 할 것이 한두 가지가 아니다. "최대한 외우도록 하세요!"라고 하면 "난 기억력이 나빠서……"라는 대답이 여기저기서 어김없이 들려온다.

　공부도 그렇지만 일에서도 암기해야 할 것이 참 많다. 단번에 모든 정보를 인풋할 수 있다면 더할 수 없이 좋겠지만, 대개 인간의 뇌는 잊어버리도록 만들어진 피조물이다. 그러니 못 외우는 것은 어쩌면 당연한 일이다.

　'곧바로 행동하는 사람'은 횟수를 거듭함으로써 기억할 것을 기억한다. 처음엔 가벼운 마음으로 받아들인다. '곧바로 행동하지 못하는 사람'처럼 '못 외우면 어쩌지?'라거나 '외울 수 있을지 자신이 없다'는 등의 걱정일랑 아예 버리고 일단 받아들이고 본다. 그런 다음 철저하게 복습을 한다. '못 외우면 안 된다'고 자신을 다그쳐도 효과는 뻔하다. 인간의 뇌는 반복입력되는 것을 중요하다고 인식하고 기억으로 정착시키도록 만들어졌기 때문이다.

물론 새로운 것을 끊임없이 입력하는 것이 흥미롭기는 하지만, 결국 사용할 수 있는 지식으로 연결되지 못하기 때문에 어느 순간 좌절감을 맛보게 된다.

'에이빙하우스의 망각곡선'을 아는 사람도 많을 것이다. 독일의 심리학자 헤르만 에이빙하우스는 피실험자에게 의미가 없는 3개의 나열된 알파벳을 기억하게 하고, 그 기억이 어떤 속도로 잊혀지는가를 실험하였다. 그 실험 결과를 그래프화한 것이 에이빙하우스의 망각곡선인데, 20분 후에 42%, 1시간 후에 56%, 1일 후에 74%, 1개월 후에 79%가 잊힌다는 결과가 나왔다. 즉, 기억한 직후에 절반 가까운 기억이 잊힌다.

그렇다면 잊지 않고 기억으로 정착시키는 방법은 무엇일까? 그것은 바로 복습이다. 복습할 때마다 그 기억은 되살아나고, 기억의 정착비율은 복습하면 할수록 높아진다.

'곧바로 행동하는 사람'은 잊는 것을 대전제로 삼는다. 잊어버리는 것은 어쩔 수 없다, 반복하는 것 외에는 방법이 없다고 생각하고 열심히 반복해 복습한다.

기억뿐만이 아니다. 새로운 일에 도전할 때는 매뉴얼을 읽거나 전문서적을 읽을 때가 많다. 새로운 정보가 지나치게 많다 보면 한 번에 다 이해하기란 정말 불가능하다. 단어를 이해하는 것만도 벅차서 정리해 읽는 것이 고작인 경우도 있다. 그럴 때도 '곧바로 행동하지 못하는 사람'은 단번에 이해하려드는 나머지 어느 한곳에서 막히면 아예 그 자체를 피하려드는 경향이 있다.

반면 '곧바로 행동하는 사람'은 처음 한 번은 대충 훑듯이 읽는다. 전체의 구성과 흐름을 우선 파악하기 위해서다. 당연히 모르는 것이 있을 수 있다는 대전제 하에 일단 쭉쭉 읽는다. 그리고 두 번, 세 번 반복해 읽음으로써 차근차근 이해의 깊이를 더해간다.

이때 암기나 새로운 정보에 대한 이해의 정도를 높이고 싶다면 복습을 하는 시간에 간격을 두는 것이 중요하다. 같은 날 한꺼번에 몰아서 몇 번씩 복습하기보다는 시간에 간격을 두고 다음날 하는 것이 좋다는 말이다.

심리학에는 '레미니슨스 현상'이라는 말이 있는데, 일정시간의 휴식이나 수면을 취하면 머릿속이 정리되고, 기억을 불러일으키는 기능을 방해하는 집중력 저하 등을 해소할 수 있다. 결과적으로 기억이 정착되고 이해가 깊어진다. 다시 말해 휴식과 수면을 통해 일단 뇌의 피로를 풀어주고 정리할 시간을 가짐으로써 기억의 정착률을 높인다는 것이다.

알쏭달쏭 애매했던 것이 다음 날 아침이면 왠지 분명하게 정리된 느낌이 들기도 하고, 어렵게만 느껴졌던 것이 다음 날이면 술술 풀렸던 경험이 있을 것이다. 그것이 바로 레미니슨스 현상이다.

특별히 뛰어난 기억력을 가지고 있다면 암기도 별 어려움이 없겠지만, 대부분의 사람은 기억력에 있어서 특히 자신이 없다. 복습이야말로 확실한 기억과 이해를 위한 비결이므로, 자신의 기억력을 탓하고 생각에만 몰두할 것이 아니라 몸소 실천하는 것을 중시해야 한다.

행동하는 습관을 가진 사람은 잊는 것은 당연하다고 생각하고 반복을 통해 기억한다.

자신을 업데이트하는 사람
시대를 비판하는 사람

　현대인은 변화무쌍한 시대를 살고 있다. 변화가 무쌍하다는 것은 지금까지와 같은 사고방식과 행동으로는 더 이상 통하지 않는다는 것을 의미한다. 무기라고 믿었던 것들의 유효기간이 갈수록 짧아져 더 이상 무기가 아니게 될 날이 하루하루 눈앞으로 다가오고 있다.

　나는 젊은 학생들과 접할 기회가 많은데, 전에 없이 영어실력이 높은 학생이 많다는 사실에 깜짝깜짝 놀랄 때가 있다. 영어실력이 좋은 학생의 대부분은 취업활동에서 높은 영어실력을 무기로 어필하기 위해 TOEIC 등의 시험점수를 더 높이려고 노력한다.

　하지만 지금의 기업들이 글로벌한 인재에게 요구하는 것은 '외국의 사회, 문화, 가치관의 차이에 관심을 가지고 유연하게 대처하는 자세' '기성개념에 얽매이지 않고 끊임없이 도전정신을 갖는 자세' '어학능력'이다(경단련, 〈글로벌 인재의 육성 및 활용을 위해 요구되는 노력에 관한 설문조사〉 중에서).

높은 영어실력을 어필해도 이전만큼 효과는 없다는 얘기다. 그렇다고 영어실력을 무시해도 된다는 의미는 아니다. 다만 TOEIC에서 800점 이상을 취득했더라도 그 외의 다른 분야를 연마하는 데 시간을 할애해야 한다는 말이다. 다시 말해 지금 뛰어난 지식과 정보 그리고 기능을 가지고 있다 하더라도, 그것은 어느 순간 시대착오적인 것이 될 수 있다는 의미다.

하물며 스킬이 더 높은 사람은 말할 것도 없고 인공지능과 같은 이노베이션까지 눈부신 현대에는, 스킬이라는 것은 다른 '누군가'나 '무언가'에 의해 대체될 위험이 항상 잠재해 있다는 사실을 잊어선 안 될 것이다.

케임브리지대학의 대선배이기도 한 찰스 다윈은 "이 세상에 살아남을 생물은 가장 힘이 센 생물일까? 아니다. 머리가 가장 좋은 생물일까? 그것도 아니다. 그것은 변화에 대응할 수 있는 생물이다"라고 했다. 매일 눈으로 보는 경치는 빙산의 일각에 지나지 않고, 우리의 시선이 닿지 않는 수면 밑에서 많은 일이 진행되고 있다. 그런만큼 우리는 항상 비상식을 받아들일 준비를 해두어야 한다. 지금까지의 상식에만 얽매어 있다가는 시대에 뒤처지고 말 것이다.

그래서 '곧바로 행동하는 사람'은 항상 자신을 업데이트하는 일을 게을리 하지 않는다. 자기 안의 상식을 버리고 새로운 비상식을 받아들인다. 한편 '곧바로 행동하지 못하는 사람'은 현상에 만족하고 현상의 자신을 고집한다. 그리고 변화하는 사회를 한탄한다.

'곧바로 행동하는 사람'은 자신을 업데이트하기 위해 먼저 1차 정보를 접하는 일에 열중한다. 발로 직접 뛰면서 자신이 몸소 체험해보는 것이다. 유행하는 것은 소홀히 하지 않고 일단 체험해보고, 왜 유행하는지를 파악한다. 그런 다음 직접 사람을 만나 그들은 평소에 어떤 것을 느끼고 생각하는지, 어떤 일에 기쁨을 느끼고 어떤 것에 불만을 갖는지를 안다.

나는 다양한 연배와 직종의 사람들과 교류하는 것을 즐긴다. 다른 직종의 사람은 물론이고 학생이나 부모세대 이상의 사람들과도 대화를 나누는 데 적극적이다. 물론 평소에 만나는 동료나 친구들과 이야기할 때보다 대화방식이나 전달방법에 대해 고민도 해야 하고, 이야기가 제대로 이해 안 될 때도 있는가 하면 사고방식에서 큰 세대 차이를 느낄 때도 있다.

그렇다고 '요즘 젊은이들은……' 하는 식으로 그 차이를 부정한다면 아무것도 배울 수 없다. 왜 그런지, 어떤 배경이 숨겨져 있는지에 대해 따져본다. 그렇게 하는 동안 나에게 당연한 일은 어디까지나 나에게 해당되는 이야기일 뿐, 저마다 다른 당연함을 각자 가지고 있다는 사실을 깨닫게 된다. 그리고 그 순간 새로운 아이디어가 샘솟는다.

나에게 당연하다고 다른 사람에게까지 그것을 강요하는 것은 옳지 않다. 또 시대의 변화를 간파하기 위해서는 항상 자신을 업데이트하도록 노력하지 않으면 안 된다. 자신을 업데이트함으로써 새로운 배움을 얻고 새로운 가치를 사회에 제공할 수 있다.

배움만큼 즐거운 것도 없지만, 그로써 누군가에게 도움이 될 수 있다면 그보다 행복한 일도 없을 것이다. 그뿐만 아니라 누군가에게 도움이 된다는 자각은 마음의 안정과 자신감까지 심어준다. 그 때문에 '곧바로 행동하는 사람'은 끊임없이 배우고 자신을 업데이트함으로써 사회에 공헌하고 그로써 삶의 보람을 느낀다.

행동하는 습관을 가진 사람은 상식에 얽매이지 않고
비상식도 받아들이려고 한다.

도약하려는 사람
새로운 시도를 배제하는 사람

　2005년 6월 12일, 스탠포드대학 졸업식에서 애플의 창업자인 스티브 잡스가 스피치를 했다. 여러분 중에도 그 스피치를 본 사람이 많을 것이다. 연설 중에는 다양한 에피소드가 등장하는데, 그중에서도 인상적이었던 것은 잡스가 대학을 중퇴하고 무엇을 했는가에 대한 이야기다.

　잡스는 대학에 입학은 했지만, '대학이란 것이 과연 부모님이 수십 년간 모은 돈 이상의 가치가 있는 것일까?'라는 의문을 갖게 된다. 그러다 결국 퇴학을 결심하고 자신이 좋아하는 캘리그라피를 배우기 시작했다. "그런 걸 배워서 어디에 쓰게?" "그런 쓸 데 없는 데 낭비할 시간이 어딨어?"라는 비난의 소리가 들려올 것만 같다. 하지만 결과적으로 잡스가 캘리그라피를 배운 것이 애플의 아름다운 폰트를 낳는 토대가 되었다.

"과거를 돌이켜봤을 때 그때 경험한 점^{dot}들을 연결하면 당신의 인생이 만들어진다."

흔히 'Connecting dot'이라고 하는데, 아무것도 아닌 것 같던 점과 점이 연결되는 순간이 있다. 내가 외국으로 날아간 이유 중 하나도 거기에 있었다.

대학 3학년 때, 사방에서 취업활동이라는 말들이 난무했다. 그때 문득 들었던 의문이 '대학을 졸업하면 취업을 꼭 해야 하는가?' 였다. 중학교를 졸업하면 당연히 고등학교에 진학하고, 그다음엔 좋은 대학에 입학해서 좋은 회사에 들어가면 안정된 생활이 보장된다는 풍조가 만연해 있었는데, 정말 그것 말고는 다른 선택은 없는 것일지 궁금했다.

자신의 꿈과는 무관하게 다들 그렇게 말하니까, 다른 사람도 그렇게 하니까 나도 그래야 한다는 것이 왠지 모순처럼 느껴졌다. 그래서 외국에 나가보고 세상이 정말 그런 것인지를 확인해보고 싶었다.

케임브리지로 유학 가서 가장 좋았던 것은, 다양한 환경과 거기에서 생성되었을 다양한 가치관과 사고방식을 가진 동료학생들을 만나고 그들과 보다 폭넓은 의견교환을 할 수 있었던 것이다. 연령층도 다양했다. 국내와는 달리 배우고 싶은 사람들이 모이는 곳이 대학이라선지, 연령도 국적도 상관없었다. 수업 이외의 다른 활동에도 적극적으로 참여해, 그들이 어떤 생각을 가지고 있고 어떤 미래를 그리고 있는가를 듣는 순간, 나는 세계는 넓다는 사실을 실감했다.

다르다는 것은 멋진 일이다. 그래서 지금도 일주일에 한 번은 꼭 다양한 사람과 만나는 시간을 갖는다. 다른 업계에서 일하는 사람, 다른 관심사를 가진 사람, 다른 환경에서 자란 사람과 '나이나 백그라운드'라는 울타리를 넘어 적극적으로 이야기를 나눠보면, 생각지 못했던 발견과 새로운 흥미가 싹튼다. 평소 단단하게 굳어 있던 가치관을 깨고 마음이 두근두근 설레는 뭔가를 만난다면, 자기도 모르게 행동하는 습관을 가진 사람이 되어 있을 것이다.

눈앞의 일에 쫓기다 보면 주변을 돌아볼 여유조차 찾기 힘들지만, 아무리 바쁘더라도 정기적으로 시간을 내보면 어떨까? 사람은 타인으로부터 큰 영향을 받는다.

특히 타인과 비교하는 교육환경에서 자란 사람일수록 타인과의 차이를 민감하게 비교하는 습관이 있다. 그런 민감함을 타인을 시기질투하기 위해서가 아닌 자기 자신을 성장시키기 위해 활용하도록 하자.

'곧바로 행동하지 못하는 사람'은 낭비라고 생각되는 것을 철저하게 배제하려 하지만, 그것은 유효한 점^{dot}이 결코 될 수 없다. 점과 점이 이어져 선이 되기 위해서는 먼저 점을 만들어야 한다. 그것을 위한 한 가지 방법은 다양한 삶을 접하는 것이다.

 행동하는 습관을 가진 사람은 이문화에도 적극적으로 뛰어들 수 있다.

비상식적으로 생각하는 사람
상식에 얽매이는 사람

"Stay hungry, stay foolish."

이것은 스티브 잡스가 2005년 6월, 스탠포드대학 졸업식 스피치에서 마지막에 한 말이다. 'Stay hungry'는 현실에 안주하여 걸음을 멈추지 말고 보다 나은 미래를 갈망하고 욕심을 부리라는 의미다. 그리고 'Stay foolish'는 상식에 얽매이지 말고 바보에 머물라는 말인데, 그만큼 자기 마음에 솔직하고 탐구심을 잃지 말라는 의미라고 생각한다.

'곧바로 행동하는 사람'은 내면에서 솟아나는 '탐구심'이라는 행동기준을 중시한다. 상식에 얽매이지 않는다. 그런 의미에서 보면 비상식적일지 모른다. 물론 사람으로서 지켜야 할 예의나 매너는 중요

행동하는 습관

하게 생각하지만, 발상이 비상식적이라도 그것은 무한한 가능성을 내포하고 있다.

'곧바로 행동하지 못하는 사람'은 상식에 얽매인 나머지 '하면 안 된다'는 제약으로 받아들이고 마는 경향이 있다. 상식이라는 말처럼 편리한 것도 없다. '그것이 상식이니까'라는 한마디에 참 많은 것들이 의구심 하나 없이 받아들여지고 있다. 사람은 하나의 거점에 의지하려는 성향이 있어서 상식이라는 거점에 기대길 좋아한다. 하지만 그 때문에 본질에서 벗어나기 쉽다는 중대한 단점도 있다.

케임브리지대학 대학원에 입학했더니 보다 좋은 연구를 위해 비판적 사고를 키우는 수업이 많았다. 다양한 소재를 다루면서 주관이나 상식에 얽매이지 않도록 하는 훈련이다. 상식을 의심하는 것은 자신이 보고 있는 경치나 사고방식 및 행동을 항상 비판적인 시선으로 바라보게 한다. '정말 그런가?'를 묻고 생각하는 것이다.

옥스퍼드대학의 부총장이었던 행동뇌과학 연구자인 닉 롤린스 교수와 오사카에서 식사를 함께할 기회가 있었다. 옥스퍼드대학에는 천장에 거꾸로 꽃을 매달아둔 곳이 있는데, 그것은 '상식에 얽매이지 말고 자유롭게 사고하라'는 메시지를 함축한 것이라고 한다. 롤린스 교수는 'Fascination'이라는 말을 여러 차례 사용했는데, 그것은 '열중할 수 있는 뭔가를 가지고 있는가?'라는 자문자답이야말로 행동력의 원천이 된다는 의미를 내포하고 있었다.

당연하다느니 상식이라느니 하는 막연하게 정해진 규칙에 맞춰가며 살 것이 아니라, 자신이 정말 하고 싶은 것을 하기 위해서는 어떻게 해야 할지를 '무無'에서 새롭게 생각해볼 일이다.

어렸을 때는 마음껏 떠들고 뛰어놀았다. 그러다 "좀 어른스럽게 굴 수 없니? 언제까지 어린애처럼 굴거니?"라는 선생님이나 부모님의 꾸지람을 듣다 보니 어느새 '떠들고 뛰노는 것은 어린애나 할 일'이라는 고정관념을 갖게 되었다. 그렇게 상식과 세상의 인식에 얽매이게 돼버렸다는 사람이 적지 않다.

역사는 '현재의 비상식'이 '미래의 상식'이 된 것들의 집합체다. 그야말로 지금처럼 시대의 변화가 빠르고 매순간 순간 새로운 것들이 탄생하는 현상이 그것을 증명한다. 그리고 '곧바로 행동하는 사람'들은 두근두근 설레는 마음을 잃지 않고 그것을 실현시키기 위해 필요한 것의 본질을 생각하는 습관을 가지고 있다.

"아무리 세련된 어른이라도 밖으로 표출하고 싶은 작은 아이를 내면에 가지고 있다."

이는 월트 디즈니의 말이다. 당신의 내면에도 작은 아이가 잠들어 있을 것이 분명하다. 물론 그 작은 아이를 단번에 다 펼쳐 보이기는 어렵겠지만, 평소의 자기 생각이나 주변의 사고방식에 대해 "정말 그럴까?"라는 의구심을 가지고 생각해보는 습관을 갖는다면 언젠가는 그 작은 아이가 세상을 크게 변화시킬 수 있으리라 믿는다.

행동하는 습관을 가진 사람은 두근두근 설레는 마음을 행동의 축으로 삼는다.

행동하는 습관

오늘보다 빛나는
내일을 위한 작은 행동

"과거도 미래도 존재하지 않는다. 존재하는 것은 현재라는 순간뿐이다."

톨스토이의 말이다. 무엇보다 현재라고 하는 여러분의 귀중한 순간을 이 책을 위해 할애해준 것에 감사한다. 그리고 여러분은 틀림없이 '행동하는 습관'에 대해 알고 그런 습관의 필요성에 대해 실감했기 때문에 이 책을 읽었으리라 믿는다.

'곧바로 행동하는 것'은 결국 시간과 행동의 관계성을 말한다. '다른 사람이나 상황에 쫓기며 보내는 시간'이 아니라 '자기 의사로 움직이는 시간'을 늘려가는 것이야말로 인생을 충실하게 살기 위한 필수조건이다. 그야말로 '시간을 컨트롤하는 사람은 인생을 컨트롤한다'고 말할 수 있다.

그것을 위한 최강의 방법이 '행동하는 습관'인 것이다. 아주 심플

하지만 아주 어려운 일이다. 나도 한때는 '내일이 있다'는 생각에 오늘 일을 내일로 미루기를 반복했기 때문에 잘 안다. 그때는 '다음에'나 '언젠가는'이라는 말을 입에 달고 살았던 것 같다.

그러다 결국 아무것도 못하는 나 자신에 대한 불신과 실망만 쌓고 말았다. 자신에 대한 신뢰와 자신감을 돌이키는 일은 생각만으로 되는 일이 아니었다. 기다린다고 되는 일도 아니었다. '지금 내가 할 수 있는 일에 집중하는 것'뿐이었다.

서두에서 '곧바로 행동하는 공식'이 '의지×환경×감정'이라고 말한 바 있다. 그중에서도 특히 의지력은 하루아침에 두 배, 세 배로 올릴 수 있는 것이 아니다. 그렇다고 포기해서는 안 된다. 각각의 요소를 지금부터라도 조금씩 개선해가면 된다. 20% 노력해서 1을 1.2로 올리면 '1.2×1.2×1.2=1.78'이 된다. 약 2배의 행동력을 확보할 수 있다. 행동력이란 행동에 의해 향상되는 것이다. 나선형처럼 빙글빙글 돌면서 커다란 원을 그리고, 그 원은 점점 더 커진다. 그리고 시간과 행동을 컨트롤할 수 있다는 감각은 보다 강한 의지력을 우리에게 선사해줄 것이다.

마지막으로 질문 한 가지가 있다.

"여러분은 이 책을 읽은 것만으로 만족할 것인가? 아니면 책을 덮는 순간부터 뭔가를 시작할 것인가?"

뭐가 됐든 상관없다. 부디 우선 한 가지라도 시작하길 바란다.

오늘보다 빛나는 내일을 위해, 지금 이 순간 할 수 있는 것은 무엇일까? 그 작은 한 걸음이 이윽고 큰 변화를 여러분 인생에 선사해

줄 것이 틀림없다. 여러분의 미래가 지금보다 훨씬 충만하기를 진심
으로 바란다.

쓰카모토 료

행동하는 습관

초판 1쇄 발행 2019년 7월 19일

지은이　　　쓰카모토 료
옮긴이　　　김경인
출판기획　　경원북스
등록　　　　2018년 3월 27일 (제307-2018-15호)
펴낸곳　　　경원출판사(경원북스)
주소　　　　서울시 중구 퇴계로 272 아도라타워 601호
전화　　　　02-2607-2289
팩스　　　　02-6442-0645
인쇄　　　　대정인쇄
이메일　　　kyoungwonbooks@gmail.com

ISBN 979-11-89953-04-1 (03190)
정가 13,000원

이 도서의 국립중앙도서관 출판예정도서목록(CIP)은
서지정보유통지원시스템 홈페이지(http://seoji.nl.go.kr)와
국가자료종합목록 구축시스템(http://kolis-net.nl.go.kr)에서
이용하실 수 있습니다. (CIP제어번호 : CIP2019025375)